Tiefe Wolken, Kitesurfer, quirliges Hafengeschehen, Pötte kieken, blühende Apfelbäume, durchs Watt glitschen – diese Bilder und Erlebnisse werden dem Bremer Fotografen **Toma Babovic** immer in Erinnerung bleiben.

Kein Scherz, kein Pseudonym: Der Autor heißt wirklich **Sven Bremer,** ist in Bremen geboren und lebt dort seit über 50 Jahren. Als Lokalpatriot fiel es ihm nicht schwer, ein Loblied auf die Hansestadt zu singen. Ein Problem hatte er eher damit, alle guten Tipps unterzubringen.

## Liebe Leserinnen, liebe Leser!

Wasser ist das beherrschende Element der in diesem DuMont Bildatlas beschriebenen Region. Nach Nordosten hin begrenzt der Unterlauf der Elbe das Gebiet, nach Westen bzw. Südwesten ist es die Weser und im Nordwesten bildet die Nordseeküste rund um Cuxhaven die Grenze des Landschaftsdreiecks. Doch damit nicht genug, viele kleine Flüsschen durchziehen die Tiefebene, um dann in Weser oder Elbe zu münden. Moore sorgen nördlich von Bremen für ein außergewöhnliches Landschaftsbild, das nicht nur die Worpsweder Künstler beeindruckte.

### Städte im Wandel

Und Wasser bzw. Flüsse bestimmten natürlich auch die Geschicke der Städte in der Region. Bremen und Stade blicken auf eine ruhmreiche Vergangenheit als Hansestädte zurück, die durch Schifffahrt und Handel zu Reichtum gelangten. Mit dem Reichtum ist es heute nicht mehr allzu weit her, Bremen ist notorisch klamm, kein anderes Bundesland hat eine so hohe Pro-Kopf-Verschuldung (Thema S. 34). Vor diesem Hintergrund ist der Tourismus einer der Hoffnungsträger der Region. Tatsächlich hat sich in den letzten Jahrzehnten viel getan: In Bremen zeugt die Überseestadt von neuen Zeiten, und das Universum avancierte längst zu einem der Wahrzeichen der Stadt, Bremerhaven ist mit seinen Havenwelten in die erste Liga der Städteziele aufgestiegen.

### Natur erleben

Unschlagbares Kapital bleibt daneben natürlich die einzigartige Natur, die man auf unterschiedliche Arten erkunden kann. Der Autor dieses Bandes, Sven Bremer, schwört auf Fahrradtouren, für ihn gibt es nichts Schöneres als im Frühjahr durch das Blütenmeer im Alten Land zu radeln, seine Lieblingsstrecke verrät er auf S. 99. Der Fotograf Toma Babovic hält sich an das Element Wasser, bei der Paddeltour rund um Bremen (S. 57) hat er ganz neue Facetten „seiner" Stadt entdeckt.

Herzlich

Ihre

Birgit Borowski

Birgit Borowski
Programmleiterin DuMont Bildatlas

42 Vor allem hinter dem Ostertor zeigt sich Bremen weniger gediegen als im Zentrum. Auch der Bremer Karneval hat hier seinen Ursprung.

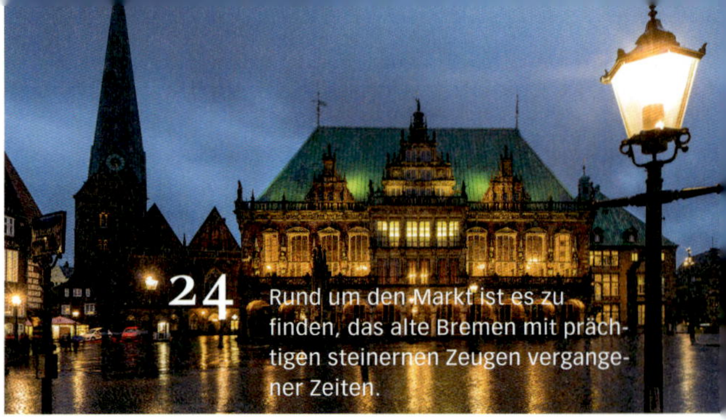

24 Rund um den Markt ist es zu finden, das alte Bremen mit prächtigen steinernen Zeugen vergangener Zeiten.

64 Was an Bremerhavens Hafenbecken entstanden ist, ist eine Reise wert.

## Impressionen



## Bremen · Altstadt



## Bremen · Stadtteile



## Bremerhaven und Umgebung



UNSERE FAVORITEN

BEST OF ...

78 Das Wattenmeer ist eine einzigartige Naturlandschaft, die umfangreichen Schutz verdient, und daran scheiden sich die Geister.

Maßstab 1:800.000
0
10km
NORDSEE
Helgoland
6
Helgoländer Bucht
Nationalpark Schleswig-Holsteinisches Wattenmeer
Cuxland · Helgoland 70 – 85
Kehdingen · Altes Land 86 – 99
Bremerhaven und Umgebung 58 – 69
Bremen · Altstadt 24 – 41
Bremen · Stadtteile 42 – 57
Teufelsmoor 100 – 115
5
3
8
9
10
4
1
2
7
Cuxhaven
Wangerooge
Wilhelmshaven
BREMERHAVEN
Nordenham
Stade
Buxtehude
HAMBURG
Glückstadt
Bremervörde
Zeven
Osterholz-Scharmbeck
Lilienthal
BREMEN
OLDENBURG
Delmenhorst
Achim
Rotenburg (Wümme)
Verden
Walsrode
Nienburg (Weser)
Diepholz
Vechta
Cloppenburg
Celle
Langenhagen
HANNOVER
Itzehoe
Heide
Neumünster
Brunsbüttel

# Topziele

*Die bedeutendsten Sehenswürdigkeiten und Erlebnisse, die keinesfalls versäumt werden sollten, haben wir auf dieser Seite zusammengestellt. Auf den Infoseiten sind sie jeweils als* **TOPZIEL** *gekennzeichnet.*

## KULTUR

## NATUR

## ERLEBEN

## Endlose Weite unter Wolkendramatik

Der Weite nachspüren – die Landschaft unter dem mit Wolken geschmückten Himmel lässt es gar nicht anders zu. Die zeitweilig überfluteten Wümmewiesen vor den Toren Bremens sind Schutzgebiet; so können sie Pflanzen und Tieren mit so klangvollen Namen wie Sumpfdotterblume, Kuckuckslichtnelke und Wassergreiskraut, Bekassine und Wachtelkönig ausreichend Lebensraum bieten.

## Heiße Rhythmen im kühlen Norden

Von wegen dröge und unterkühlt: Die Bremer verstehen es, zu feiern. Seit fast tausend Jahren auf dem Bremer Freimarkt, beim Sechstagerennen oder bei anderen Traditionsveranstaltungen wie der Eiswette. Mit Karneval oder Fasching hatte man in Bremen jahrhundertelang nicht viel am Hut. Bis sich im Bremer Ostertor eine bunte Schar zusammenfand und den Bremer Karneval ins Leben rief. Seit 1986 erklingen alljährlich im Februar heiße Sambarhythmen im kühlen Norden.

## Durchatmen und genießen

Deutschlands einzige Hochseeinsel Helgoland ist wieder im Kommen – und das nicht nur bei den Seevögeln (im Bild Basstölpel). Einst spuckten die Ausflugsschiffe überwiegend Tagesgäste aus, die auf dem „Fuselfelsen“ zollfrei einkaufen wollten. Heute bleibt man länger, genießt die frische Brise, beobachtet die Vogelwelt in den Helgoländer Buntsandsteinfelsen.

LÖSCHBOOT 1

## Attraktionen an der Waterkant

Die Bremerhavener Festwoche hat ihren Namen in SeeStadtFest gewandelt – so oder so, zu dem Zeitpunkt schmückt sich die Stadt mit maritimen Besuchern. Zwar ist Bremerhaven immer noch keine unstrittige Schönheit, doch die Seestadt hat das Image der „grauen Maus“ abgelegt und sich mit großartigen touristischen Attraktionen etabliert.

## In voller Blüte

Oftmals von Hochwassern heimgesucht, hat sich das Alte Land am Elbstrom zum größten zusammenhängenden Obstanbaugebiet Europas entwickelt und verhalf den ansässigen Bauern zu einigem Wohlstand. Zu erkennen unter anderem an den Prunkpforten vor den eindrucksvollen Fachwerkhäusern. Der Obstanbau ist natürlich der wirtschaftliche Faktor für die Menschen im Alten Land, lockt aber vor allem zur Blütezeit, wenn sich die Region in ein Farbenmeer aus Weiß und Rosa verwandelt, zahlreiche Ausflügler an.

PORTA PATENS
Diese offenstehende Pforte
RESPICE FINEM
Bedenke das Ende
ESTO NULLY
ist keinem
ANNO
1GJ9
CLAUDARIS
ehrlichen Manne
ORA ET LABORA
Bete und Arbeite
HONESTE
verschlossen
9

## Erlebnistouren im Moor

Rotbraune Segel vor sattgrünen Weiden unter einem weiten blauen Himmel – auf traditionellen Torfkähnen lässt sich die norddeutsche Landschaft rund um Worpswede wohl am besten erkunden. Einst eine unwirtliche, äußerst nasse Ecke und erst im 18. Jahrhundert von den ersten Moorkolonisten nutzbar gemacht, sind die Hammeniederung und das Teufelsmoor mit ihren zahlreichen Wasserläufen heute ein beliebtes Naherholungsgebiet.

Restaurant

## Sonnenuntergang in Bremen

Enge Gassen, schmale Fachwerkhäuser, zahlreiche Restaurants, Cafés und Galerien verleihen Bremens Schnoor seinen malerischen Charakter. In dem charmanten Schnoorviertel schlendert man an jahrhundertealten Häusern vorbei – auf die der stimmungsvolle Sonnenuntergang gelegentlich ein goldenes Licht legt.

UNSERE FAVORITEN

Die besten Festivals und Sportevents

# Spektakel auf Düne und Deich

Der Bremer Freimarkt zählt zu den ältesten und größten Volksfesten ganz Deutschlands, Werder Bremen ist fester Bestandteil der Bundesliga. Doch der Nordwesten hat noch einiges mehr an Volksfesten und Sportereignissen zu bieten – darunter solch einzigartige Veranstaltungen wie das Duhner Wattrennen, ein Pferderennen auf dem Grund des Meeres.

## 1 Breminale

Seit 1987 verwandeln sich die Osterdeichwiesen an der Weser im Juli in ein buntes „Umsonst & Draußen"-Festivalgelände. Eingefleischte Breminale-Fans haben sicherheitshalber Gummistiefel im Gepäck, denn in den vergangenen 30 Jahren gab es oft Bremer „Schmuddelwetter" während des Kulturfests. Rund 200 000 Besucher kommen jährlich, um in den Zelten Konzerte, Lesungen und Theater zu genießen und um zu schnacken und über das Gelände zu schlendern. Mittlerweile wurde das Festivalgelände um die „Himmlische Wiese" hinter der Kunsthalle Bremen erweitert, die etwas mehr Ruhe verspricht.

Breminale/Sternkultur
Feuerkuhle 32
28207 Bremen
Tel. 0421 50 05 04
www.breminale.de

## 2 Sechstagerennen, Bremen

Das Sechstagerennen wird gerne auch als „fünfte Jahreszeit" bezeichnet. Das Event steht für eine einzigartige Mischung aus Show und Sport. Spötter behaupten, lediglich die Radfahrer würden stören. Tatsächlich lockt wohl eher die Partyatmosphäre denn der Sport im Januar in die Hallen. Gleichwohl wird in Bremen Radsport vom Feinsten geboten; Welt- und Europameister kämpfen auf dem Oval um den Sieg.

Bremer Sechstagerennen
Event & Sport Nord GmbH
Findorffstraße 101
28215 Bremen
Tel. 0421 3 50 55 77
www.sixdaysbremen.de

## 3 SeeStadtFest – Landgang Bremerhaven

40 Jahre lang feierten die Bremerhavener im Sommer die Bremerhavener Festwoche. Seit 2016 heißt das maritime Spektakel „SeeStadtFest – Landgang Bremerhaven" und findet bereits Ende Mai statt. Mehr attraktive Großsegler sollen so an die Kajen gelockt werden. Gefeiert wird mit viel Musik, natürlich auch Shanty-Chören, einem Feuerwerk, einer Lichter- und Pyro-Show, einem umfangreichen gastronomischen Angebot im Alten und Neuen Hafen sowie in der Fußgängerzone. Dort, im Columbus-Center und im „Mediterraneo", sind die Geschäfte auch am Sonntag geöffnet.

Tourist-Info Bremerhaven
(Hafenviertel)
H.-H.-Meier-Straße 6
27568 Bremerhaven
Tel. (allg.) 0471 41 41 41
www.bremerhaven.de

## 4 Fischereihafen-Rennen

Auf zwei Rädern sind die Protagonisten beim Fischereihafen-Rennen zu Pfingsten in Bremerhaven unterwegs: Seit mehr als 60 Jahren donnern Motorräder in verschiedenen Klassen über den ca. drei Kilometer langen Stadtkurs. Früher wurde die Strecke u. a. mit Fischkisten gesichert, sodass das Event im Volksmund auch „Fischkisten-Rennen" genannt wurde.

German Road Racing GmbH
Auestraße 108
27432 Bremervörde
Tel. 04764 5 88
www.fischereihafen-rennen.de

## 5 Duhner Wattrennen

Alljährlich findet im Juli an der Nordseeküste ein weltweit einzigartiges Spektakel statt – ein Pferderennen auf dem Grund des Meeres. Beim Duhner Wattrennen hetzen die Traber in ihren Sulkys und die Galopper auf ihren edlen Rennpferden bei Ebbe durch das Watt. Für die Teilnehmer bedeutet das harte Arbeit – der weiche Untergrund verlangt Ross und Reiter einiges ab.

Verein für Pferderennen auf dem Duhner Watt
Hamburg-Amerika-Str. 5
27472 Cuxhaven
Tel. 04721 3 80 54, www.duhner-wattrennen.de

## 6 Altländer Blütenfest

Während des Blütenfests, das alljährlich am ersten Maiwochenende stattfindet, wird die neue Blütenkönigin im Alten Land gekrönt und vorgestellt. Dies geschieht zur schönsten Jahreszeit – während der Kirschblüte und kurz vor der Apfelblüte. Höhepunkte des großen Festes sind der Blütenkorso durch das Zentrum von Jork sowie das große Feuerwerk am Abend. Aufgabe der Blütenkönigin ist es nach ihrer Wahl, das Alte Land deutschlandweit auf Veranstaltungen zu vertreten.

Tourismusverein Altes Land
Osterjork 10
21635 Jork
Tel. 04162 91 47 55, www.tourismus-altesland.de

## 7 Im Schatten des Doms

Die Verdener Domweih, auch heute noch im Schatten des mächtigen Gotteshauses abgehalten, ist eines der ältesten Volksfeste Deutschlands. Man geht davon aus, dass die erste Domweih bereits vor 850 stattgefunden hat. Als offizielles Datum gilt jedoch das Jahr 985, in dem Verden Markt-, Münz-, Bann- und Zollrechte zugesprochen wurden. Heute drehen sich in der „fünften Jahreszeit" in der Domstadt zahlreiche Karussels, traditionell wird während des Volksfestes im Juni auch der Pöttchermarkt abgehalten, auf dem Haushaltswaren und „Krimskrams" angeboten werden.

www.domweih.de

## 8 Brokser Heiratsmarkt

Während des Brokser Heiratsmarkts (kurz: Brokser Markt) Ende August herrscht Ausnahmezustand rund um Bruchhausen-Vilsen. Einzigartig dürfte die Mischung aus historischem Markttreiben, einer Gewerbeschau – auf der u. a. Kuhwaschanlagen im Angebot sind – und modernen Fahrgeschäften sein. Dienstag ist traditionell Pferdemarkt, wo ein Handschlag reicht, um ein Geschäft abzuschließen. Ein weiteres Highlight ist die Junggesellenversteigerung.

Marktmeister Ralf Rohlfing
Lange Straße 11
27305 Bruchhausen-Vilsen
Tel. 04252 39 12 18, www.brokser-heiratsmarkt.de

# Zwischen Tradition und Aufbruch

**Jahrhundertelang war Bremen eine hanseatische, von Hafenwirtschaft und Handel geprägte Stadt – deutlich spiegelt dies das Zentrum um Rathaus und Dom, wo Traditionen noch eine große Rolle spielen. Aber es gibt auch ein neues Bremen, dessen erste Pflänzchen sich im zarten Wildwuchs der Überseestadt zeigen.**

Blick über den Bremer Markt auf Rathaus und Roland, Dom und einen Giebel des Schütting, des Hauses der Kaufmannschaft Bremens

Bremens Roland steht seit Jahrhunderten für die städtischen Freiheiten (oben links). Vor der Rathausfassade lässt sich wunderbar „Kaffeesieren“ (oben rechts), im Senats- und Kaiserzimmer befindet sich der „Ratskeller“, wo u. a. Bremer Spezialitäten serviert werden (unten links). Der Straßenzirkus „La Strada“ leistet sich manche Schräge (unten rechts).

In der Oberen Halle ist prachtvoll für das Schaffermahl eingedeckt. In dem repräsentativen Festraum des Bremer Rathauses tagte über Jahrhunderte der Rat der Hansestadt.

„Buten und Binnen, Wagen und Winnen"

Wahlspruch am Portal des Schüttings

Man kann über die Bremer Folgen des Sonntagabend-„Tatorts" trefflich streiten. Die Bewohner der Hansestadt regen sich allerdings gar nicht so sehr über die bisweilen kruden Dialoge und unlogischen Drehbücher auf. Ihnen geht gegen den Strich, dass mit dem „Tatort" ein ziemlich schiefes Bild von ihrer Stadt transportiert wird. Überwiegend wird an schäbigen Hafen- und Industriebrachen und in heruntergekommenen Hochhaussiedlungen – gleichbedeutend mit sozialen Brennpunkten – gedreht. Natürlich gibt es das in Bremen, aber in welcher Großstadt nicht? Wo bleiben bitteschön die Schokoladenseiten?

Zum Beispiel das Rathaus: Einst im gotischen Stil errichtet und später zu einem Prunkstück der Weserrenaissance umgebaut, zählt es zu den schönsten Deutschlands. Seit 2004 ist es gemeinsam mit dem Roland Weltkulturerbe. Seit 1404 steht der steinerne Gesell stumm auf dem Marktplatz und verkündet doch, worauf Bremen seit Jahrhunderten stolz ist: nämlich auf die Freiheit seiner Bürger. Wer seine spitzen Knie reibt, der soll noch einmal nach Bremen zurückkehren. Und gleich um die Ecke gibt es die Skulptur der Bremer Stadtmusikanten. Die Vorderhufe des Esels sind inzwischen ganz blank. Denn wer die bronzenen Hufe reibt, habe fortan Glück im Leben. Der Bremer an sich hält das für albern, daran sollen die Touristen glauben. Andererseits kommen auch die Bremer nicht ohne skurril anmutende Bräuche aus: Man sollte sich nicht wundern, wenn in feinsten Zwirn gewandete Kaufleute unweit des Doms mit innigster Verachtung auf das Pflaster spucken. Dort wurde nämlich 1831 die Giftmörderin Gesche Gottfried hingerichtet.

### Pinguine auf dem Marktplatz

Noch merkwürdiger allerdings mutet die Parade an jedem zweiten Freitag im Februar an. Nun, es handelt sich nicht wirklich um Pinguine, sondern um gestandene Männer in Frack und blütenweißem Hemd, die vom Schütting herüber zum Rathaus marschieren, um dort das Schaffermahl zu zelebrieren. Bei der Schaffermahlzeit handelt es sich um das älteste, alljährlich stattfindende Brudermahl der Welt, ausgerichtet seit 1545 vom Haus Seefahrt. Kaufleute, Kapitäne sowie Gäste aus dem öffentlichen Leben und der Wirtschaft werden zu der Veranstaltung geladen, die strengen Regeln unterworfen und minutiös geplant ist:

Die Tische sind von jeher in der Form von Neptuns Dreizack angeordnet, der Einmarsch der Teilnehmer wird musikalisch von Wagners „Einzug der Gäste" aus

In den engen Gassen des Schnoor zeigt sich Bremen von seiner ältesten Seite (oben links). Der „Lichtbringer" am Eingang der Böttcherstraße: Zu nationalsozialistischen Propagandazwecken genutzt, entging das „entartete" Gesamtkunstwerk der Zerstörung (oben rechts). Kleine Geschäfte prägen den Stavendamm im Schnoor-Viertel (unten links). Abend für Abend zeigt sich im Schnoor der Nachtwächter (unten rechts).

der Oper „Tannhäuser" untermalt. Sogar die Speisenfolge ist seit Jahrhunderten unverändert: Hühnersuppe, Stockfisch, Grünkohl und Pinkel – garniert mit dem Absingen der Nationalhymne. Angesichts dieses festgefügten Traditionsbewusstseins kommt der jüngste Beschluss der veranstaltenden Stiftung Haus Seefahrt einer kleinen Revolution gleich: Seit 2015 dürfen auch Frauen teilnehmen, die weniger herausragende Positionen einnehmen als Angela Merkel. Die Bundeskanzlerin hatte 2007 in ihrer Rede beim Schaffermahl Gleichberechtigung angemahnt. Vielleicht zeigt dieser Hinweis nun Wirkung.

1902 ließ sich Ludwig Roselius bei einem Stück Butterkuchen überzeugen, das Haus Böttcherstraße 6 zu kaufen …

**Gasse mit zwei Gesichtern**

Wenn gerade keine Pinguine auf dem Marktplatz zu sehen sind und zudem die Sonne scheint, dann ist Bremens gute Stube ein wunderbarer Ort zum „Kaffeesieren". Und idealer Ausgangspunkt zu den weiteren Sehenswürdigkeiten: Die Böttcherstraße, eher Gasse als Straße, hat auch etwas mit Kaffee zu tun. Die einstige Straße der Fassmacher verfiel zusehends, nachdem der Hafen weserabwärts gewandert war. Doch dann entschied sich Ludwig Roselius, Erfinder des koffeinfreien Kaffee HAG, Anfang des 20. Jahrhunderts, das Ensemble zu kaufen und neu zu gestalten. Die überwiegend in Backstein gehaltenen Gebäude vereinigen einen Mix aus historisierenden und expressionistisch-avantgardistischen Stilen und fügen sich zu einem stimmigen Gesamtkunstwerk zusammen. Heute ist die Böttcherstraße eine Touristenmeile, da muss man sich

Die „Daphne“ von Markus Lüpertz schmückt den Bremer Bahnhofsplatz vor dem Übersee-Museum.

Lichtvoll inszeniert: „Die Große Reise“ in den Wallanlagen, eine „La Strada“-Veranstaltung.

Zeitgenössische Kunst ist in der Weserburg zu finden. Ursprünglich waren dies Speicherhäuser auf dem Teerhof, einer Landzunge zwischen Weser und Kleiner Weser.

Amazonien in Bremen: das Übersee-Museum entführt in ferne Welten und spannt für seine Besucher den Bogen zum Thema Globalisierung.

nichts vormachen, und daran ist ja auch nichts Verwerfliches. Roselius selbst hatte das bei der Planung bereits im Sinn. Nach dem Ersten Weltkrieg wollte er den kulturellen Neubeginn Deutschlands signalisieren. Er nannte die Neugestaltung einen „Versuch, deutsch zu denken". Da hätte man schon mal aufhorchen können, denn nicht nur Roselius begeisterte sich später für die Ideen der Nationalsozialisten, auch der maßgeblich an der Neugestaltung beteiligte Architekt und Künstler Bernhard Hoetger war stramm rechts. Das güldene Relief „Lichtbringer" widmete er Hitler als Zeichen „des Sieges unseres Führers über die Mächte der Finsternis".

## Aus einer „Handels- und Kolonialausstellung" wurde das Übersee-Museum.

Durch einen Tunnel gelangt man an die Schlachte, von Bremen lange sträflich vernachlässigt. Erst zwischen 1993 und 2000 wurde die Schlachte im Rahmen des Weltausstellungsprojekts „Stadt am Fluss" in eine maritime Gastro- und Flaniermeile umgewandelt. Im Sommer brüllen sich die Marktschreier beim Kajenmarkt die Seele aus dem Leib, im Winter ergänzt der „Schlachte-Zauber" den Bremer Weihnachtsmarkt. Auf der Weser dümpeln Schiffe an den Anlegern, bis hin zum detailgetreuen Nachbau einer historischen Hansekogge. Eines Morgens Anfang 2014 ragte allerdings nur noch der Mast aus dem Weserwasser. Die „Roland von Bremen" war gesunken.

Seit Sommer 2016 liegt die „Alexander von Humboldt" an der Schlachte. Auf dem traditionellen Großsegler mit den markanten grünen Segeln, bekannt aus der Werbung für eine Biermarke, wird jetzt ebensolches ausgeschenkt.

Im mittelalterlichen Bremen lagen die Handelsschiffe an der Schlachte. Jahrzehnte vernachlässigt, entwickelte sich das Weserufer schließlich zur heutigen Veranstaltungsmeile.

Bei schönem Wetter ist die Schlachte nun ein beliebter Bremer Treff. Im Hintergrund ragt schon die Überseestadt auf, ein Stadtteil in ständigem Wandel.

Helmut Jahn entwarf den 22-stöckigen Weser Tower für die Überseestadt.

Statt Holz und Stückgut: Der Europahafen in der Überseestadt wurde zum maritimen Wohnquartier samt stadtnaher Marina.

## Um'n Pudding, up'n Swutsch

Es ist schwierig, ein Urteil über den Bremer schlechthin abzugeben. Der Student aus dem Ostertor tickt anders als der Kaufmann aus dem noblen Schwachhausen. Eines aber eint sie dann doch: Der Bremer ist Lokalpatriot. Mag Bremen noch so viele Schulden haben, im Pisa-Ranking das Schlusslicht bilden, Werder längst nicht mehr in der Champions League spielen – die Bremer lassen nichts kommen auf ihre Stadt. Der Bremer an sich denkt aber auch, er spreche hochdeutsch. Doch das ist definitiv nicht so: Er spricht „bremisch". So gibt es ein paar schöne Ausdrücke, die nur der Bremer kennt. Wenn er zu einem kleinen Spaziergang aufbricht, dann „geht er um'n Pudding". Zieht er des Abends um die Häuser, so geht er „up'n Swutsch". Und soll er sich beeilen, dann muss er „ünne Puschen komm'".

Vor allem aber hat der Bremer die Angewohnheit, Silben zu verschlucken. Bremen heißt sowieso nur „Brem", und so konnte es der langjährige Bürgermeister, der 2016 verstorbene Hans Koschnick, als vielleicht einziger Mensch schaffen, „Sozialdemokratische Partei Deutschlands" in zwei bis drei Silben herunterzupoltern. Apropos Bürgermeister. Die kommen gefühlt seit Jahrhunderten aus den Reihen der SPD, fuhren bisweilen mit dem Rad zum Regieren und umarmten alles, was nicht rechtzeitig bei drei auf den Bäumen war (Henning Scherf). Oder sie vergossen bittere Tränen bei der Schließung der Werft AG Weser (Koschnick). Dass sich die Bremer immer mehrheitlich für Sozialdemokraten entschieden, mag damit zu tun haben, dass die SPD einst die Partei des kleinen Mannes war, und davon gab es genug in Bremen. Aber es dürfte auch mit Tradition, ja geradezu mit Sturheit zu tun haben, die man den Bremern nicht ganz zu Unrecht unterstellt. Irgendwie schafft es der Bremer, den Spagat aus liberal, weltoffen und innovativ, aber auch aus wertkonservativ, traditionsbewusst und ein wenig fremdelnd hinzubekommen.

## Überseestadt – die Zukunft?

Die Schließung der AG Weser Ende 1983 war nur einer von vielen Nackenschlägen für die bremische Hafenwirtschaft.

Wie sehr sich die Bremer mit dem Schiffbau identifizierten, macht deutlich, dass die Werft „Use Akschen" genannt wurde – also „unsere Aktiengesellschaft". Irgendwann hatten auch die klassischen Stückguthäfen ausgedient. Der Überseehafen wurde 1991 geschlossen, 1998 die Hafenbecken zugeschüttet, 2003 der Masterplan für die Überseestadt verabschiedet. Seitdem ist viel passiert, und vieles ist nicht passiert. Man hat Fehler gemacht; scheinbar rechtsfrei wurde auf dem riesigen Areal gebaut. Noch heute passiert man endlose Brachen, auf denen Wiesen-Bocksbart die zugeschütteten Hafenbecken in knallgelbe Wiesen verwandelt.

Gleich um die Ecke entsteht das nächste moderne Bürogebäude. Der Weser Tower hat es zu einem Wahrzeichen Bremens geschafft, im Schuppen I residieren IT-Unternehmen, ein Oldtimer-Zentrum und Bewohner, die ihre Nobelkarossen mit dem Fahrstuhl bis vor die Eingangstür ihrer Lofts befördern können – den bislang entstandenen Wohnraum in der Überseestadt können sich nur Betuchte leisten. Klassische Infrastruktur, hier ein Bäcker, da ein Friseur, nebenan ein Kindergarten: Fehlanzeige. Immerhin wurde in den vergangenen Jahren für mehrere Orte sozialer Wohnungsbau beschlossen.

Die lebendigste Ecke des Stadtteils ist rund um den Speicher XI entstanden, in den die Hochschule der Künste eingezogen ist. Hier treffen sich in Ritas „Hafencasino" Studenten, Kreative und die verbliebenen Hafenarbeiter zu Schnitzel, Labskaus und Bier. Dazu kommen die Straßenmädchen von der Cuxhavener Straße, um sich bei einem Kaffee ein wenig aufzuwärmen.

**DIE ZUKUNFT DES STADTSTAATES**

# Ohne Speck auf den Rippen

*Kein Bundesland hat so viele Schulden angehäuft wie der Zwei-Städte-Staat an der Weser. Das hat viele Ursachen und zwingt das Land zu einem rigiden Sparkurs. Ein möglicher Weg aus der Krise wäre eine Fusion mit Niedersachsen.*

Die Bremer Schuldenuhr zeigte für die Bremer am Freitag, den 13. Juni 2014, eine Pro-Kopf-Verschuldung von 30 581 Euro an.

Sie tickt unaufhörlich und gnadenlos, wenn auch inzwischen etwas langsamer – die Bremer Schuldenuhr im Zentrum der Hansestadt. Genau genommen macht sie in roten Ziffern auf der digitalen Anzeigetafel deutlich, wie gravierend die „Pro-Kopf-Verschuldung" im kleinsten Bundesland Deutschlands ist. Am Freitag, den 13. Juni 2014, zeigte sie erstmals eine Verschuldung von über 20 Milliarden Euro für den Zweistädte-Staat Bremen.

Insgesamt stiegen die öffentlichen Schulden des Bundeslandes 2016, trotz eines rigiden Sparkurses, auf über 21 Milliarden Euro. Für 2020 wird ihr Anstieg auf knapp 23 Milliarden Euro prognostiziert. Dabei geht es anderen Städten noch miserabler als der Stadt Bremen. Denn das vermeintliche Armenhaus an der Weser erwirtschaftet seit Jahren ein Bruttoinlandsprodukt, das deutlich über dem Durchschnitt liegt. Bei den Löhnen liegt Bremen weit vorn, wenige andere deutsche Städte haben so viele Einkommensmillionäre. Der Wirtschaftsstandort Bremen boomt also, die Kassen aber sind leer.

### Am Tropf

Doch Bremen ist nun mal nicht nur Stadt, sondern ein Stadtstaat, der hohe Aufwendungen für Infrastruktur und Verwaltung hat. Man mag es kaum glauben angesichts der Rekordverschuldung, aber Bremen war einst ein Geber- und kein Nehmerland im Länderfinanzausgleich. Die Werften brummten, die Arbeitslosigkeit tendierte gen null. Doch dann starben nicht nur die Werften, auch andere große Unternehmen gingen in den 1970er- und 1980er-Jahren pleite oder wanderten ab. Die Arbeitslosigkeit wuchs, in Bremerhaven ist sie so hoch wie in keiner anderen Stadt im Westen der Republik. Längst hängt das Land am Tropf der reichen Bundesländer wie Bayern und Baden-Württemberg. Auf die Krise und den dadurch notwendig gewordenen Strukturwandel reagierte Bremen mit immensen Investitionen. Massenhaft Beschäftigte wurden im öffentlichen Dienst eingestellt – unter den Pensionszahlungen für die vielen Beamten stöhnt Bremen heute.

Mächtig stolz waren die Bremer auf ihren Space Park. Doch schnell wurde klar, dass es sich bei dieser Investition um ein Steuergeldergrab handelte.

Weiterhin ist unklar, ob in der eher nüchternen Bremer Bürgerschaft eine zukunftssichere finanzielle Wende herbeigeführt werden kann.

Der Bremer Senat jedenfalls ist gezwungen, einen rigiden Sparkurs zu fahren, denn allein die Zinsen auf die Altschulden verschlingen alljährlich rund 600 Millionen Euro. Bremens ehem. Bürgermeister Jens Böhrnsen dazu: „Wir haben schon lange keinen Speck mehr auf den Rippen, sondern sind auf den Knochen angelangt. Und trotzdem müssen wir weitersparen."

Behutsam und sozial verträglich sollen die Sparmaßnahmen nach Möglichkeit sein, was naturgemäß nicht immer funktioniert und zu Protesten führt. Bremen ist gezwungen, in Bereichen zu sparen, wo es besonders wehtut, beispielsweise bei der Bildung. Tausende von Stellen im öffentlichen Dienst wurden abgebaut, und dennoch bezweifeln renommierte Wirtschaftsforschungsinstitute, dass Bremen auf kurz oder lang auf einen grünen Zweig kommt.

### Steuerverluste, falsche Pläne

Ein weiteres Problem liegt in der Stadtflucht der vergangenen Jahrzehnte. Zigtausende zogen in den „Speckgürtel" nach Niedersachsen und pendeln an ihren Arbeitsplatz in der Stadt. So gehen Bremen Millionen an Steuergeldern verloren.

Die Bremer behaupten, unverschuldet in die Finanzkrise geraten zu sein, was die Geberländer anders sehen. Sie weisen darauf hin, dass Bremen einige Male Steuergelder en masse zum Fenster hinausgeworfen hat, beispielsweise beim Millionengrab Space Park. Mehr als 150 Millionen Euro hatte die damalige Große Koalition für die Errichtung des Weltraum-Erlebniscenters zugebuttert.

Nicht zuletzt aufgrund des Schuldenbergs wird über eine Fusion mit Niedersachsen diskutiert. Wirtschaftswissenschaftler sehen darin die einzige Chance, weil die Verwaltungskosten sinken würden. Gleichzeitig führen sie an, dass ein „Nordweststaat" im Wettbewerb bessere Chancen hätte. Die Bremer Politik hält dagegen, dass der Kostenreduktion Mindereinnahmen im Länderfinanzausgleich entgegenstünden. Ebenso wie der Stolz der Bremer. Denn gegen den Willen der Bevölkerung, da sind sich alle einig, wird man die „Länderehe" nicht schließen können. Der Ruf nach einem Volksbegehren wird immer schwerer zu überhören ...

## Fakten & Informationen

Im Jahr 2009 beschloss die Föderalismuskommission des Bundes die „Schuldenbremse". Die Neuverschuldung der Bundesländer muss bis 2020 auf null heruntergebremst werden. Für Bremen bedeutet dies, das Defizit im Haushalt pro Jahr um 120 Millionen zu reduzieren – zum Ausgleich unterstützen Bund und Länder den in Notlage geratenen Stadtstaat jährlich mit 300 Millionen Euro.

Wo einst Wohlstand erwirtschaftet wurde, gibt es heute nur mehr Erinnerungen – im Hafenmuseum.

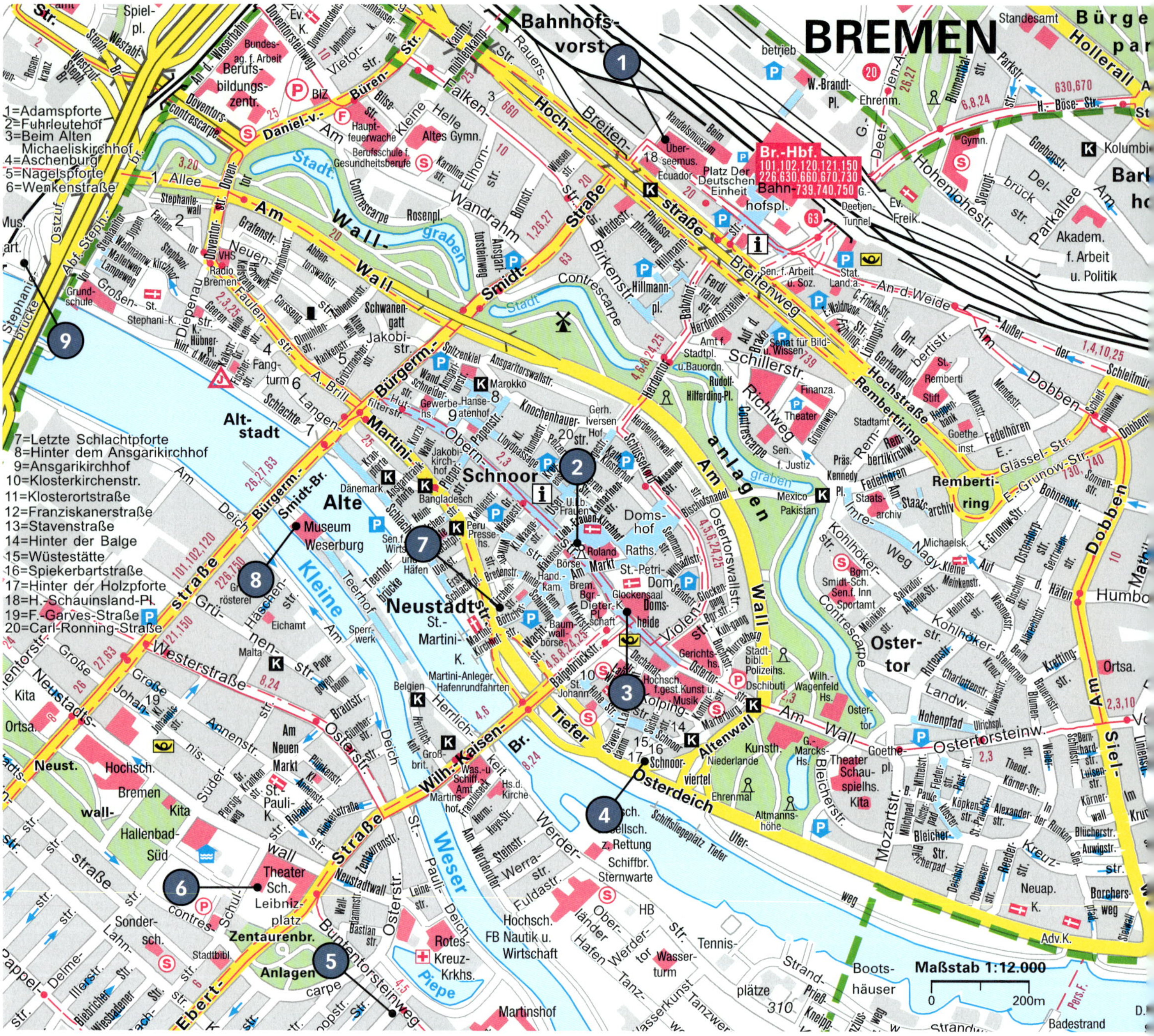
BREMEN
1=Adamspforte
2=Fuhrleutehof
3=Beim Alten Michaeliskirchhof
4=Aschenburg
5=Nagelsporte
6=Wenkenstraße
7=Letzte Schlachtpforte
8=Hinter dem Ansgarikirchhof
9=Ansgarikirchhof
10=Klosterkirchenstr.
11=Klosterortstraße
12=Franziskanerstraße
13=Stavenstraße
14=Hinter der Balge
15=Wüstestätte
16=Spiekerbartstraße
17=Hinter der Holzpforte
18=H.-Schauinsland-Pl.
19=F.-Garves-Straße
20=Carl-Ronning-Straße
Bahnhofsvorst.
Br.-Hbf.
Alt-stadt
Alte Neustadt
Schnoor
Museum Weserburg
Ostertor
Weser
Kleine Weser
Maßstab 1:12.000
0
200m

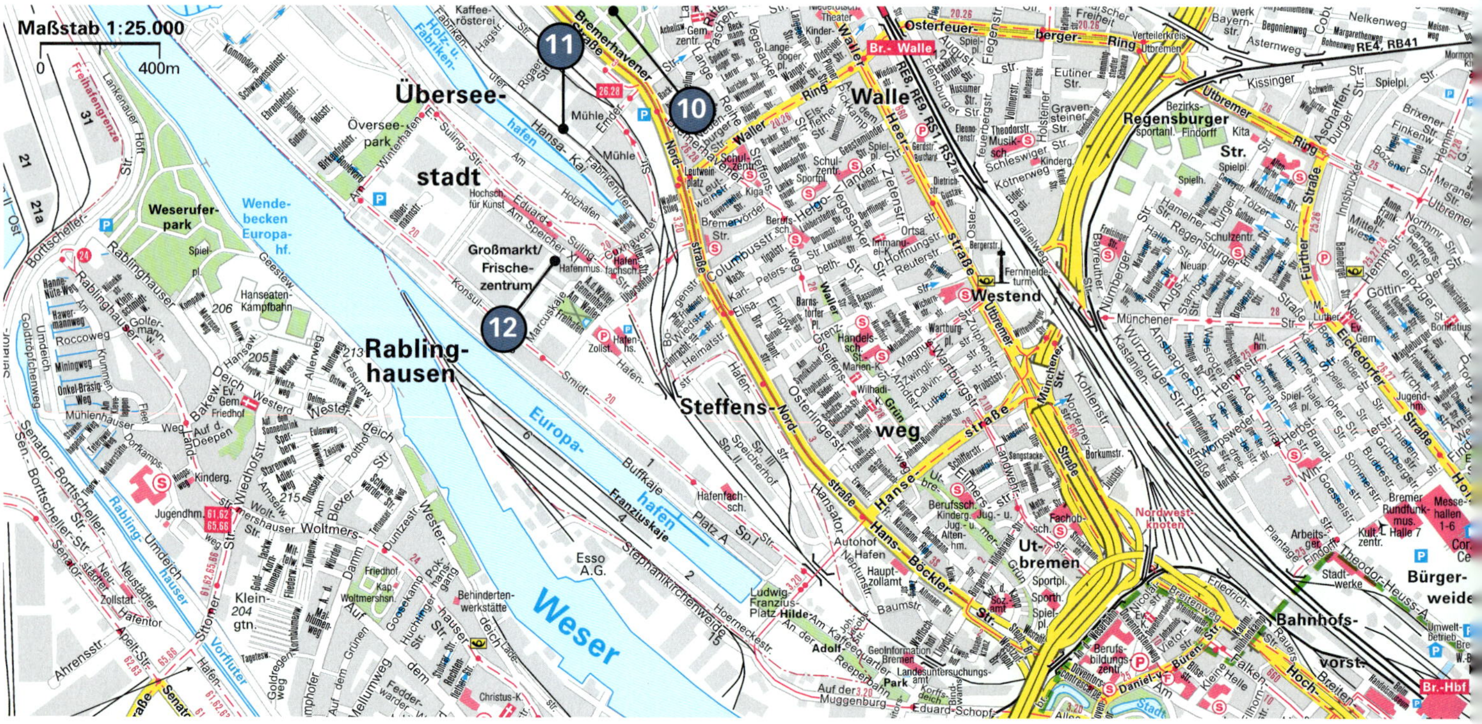
Maßstab 1:25.000
0
400m
Übersee-stadt
Rabling-hausen
Walle
Steffens-weg
Westend
Ut-bremen
Regensburger Str.
Bürger-weide
Weser
Großmarkt/Frische-zentrum
Europa-hafen
Wendebecken Europa-hf.
Weseruferpark

# Lebenswerte Stadt

*„Mehr als ein Bremer kann ein Mensch nicht werden", lautet eine Redensart in der Hansestadt. Bremen wird gern auch als „Dorf mit Straßenbahn" bezeichnet – doch provinziell ist Bremen keinesfalls. Die Stadt ist weltoffen, liberal, modern und gleichzeitig beschaulich und traditionsbewusst ...*

## Allgemein

782 n. Chr. wurde Bremen (550 000 Einw.) erstmals erwähnt, fünf Jahre später der Bischofssitz auf dem höchsten Punkt einer Düne geweiht. Marktrecht gab es für die Bremer 888, 1035 das Vorrecht, Jahrmärkte abzuhalten – in dieser Tradition steht der herbstliche Freimarkt. Ab 1358 war Bremen wichtiges Mitglied der Hanse. „Buten und binnen, wagen und winnen", hieß das Motto der Bremer Kaufleute, das der Stadt Wohlstand brachte. Die Bremer Häfen zählten zu den bedeutendsten Europas, doch Werftenkrise und Globalisierung stürzten die Stadt in eine immer noch anhaltende wirtschaftliche Krise. Um das überaus lebens- und liebenswerte Bremen zu beschreiben, darf man sich durchaus mal ein Zitat des ehemaligen Berliner Bürgermeisters Klaus Wowereit ausleihen, auch wenn es auf die Hauptstadt gemünzt ist: „Arm, aber sexy!"

*Die Herdentorswallmühle, eine holländische Windmühle, ziert schon seit mehr als 120 Jahren die Bremer Wallanlagen.*

**INFORMATION**
Bremer Touristik-Zentrale, Findorffstraße 105, 28215 Bremen, Tel. 0421 308 00 10, www.bremen-tourismus.de
Für Besucher: Tourist-Information City, Langenstraße 2/Marktplatz, und Tourist-Information Hauptbahnhof

## Sehenswert

Die touristischen Höhepunkte sind nur einen Katzensprung voneinander entfernt: der **Marktplatz** **TOPZIEL** mit dem Rathaus, gemeinsam mit der Rolandstatue Welterbe der UNESCO, der St.-Petri-Dom, die Böttcherstraße und der Schnoor.

**ALTSTADT**
Das ❷ **Rathaus** ist eines der bedeutendsten Gebäude der Weserrenaissance. 1405–1410 im gotischen Stil errichtet, wurde es Anfang des 17. Jh. umgestaltet und erhielt die bis heute erhaltene Renaissancefassade. Die Untere Rathaushalle gilt als einer der schönsten Profanbauten der Gotik. In der prunkvoll ausgestatteten Oberen Rathaushalle wurde einst Politik gemacht, heute wird hier u. a. das traditionelle Schaffermahl abgehalten. Im historischen Gewölbe des Bremer Ratskellers (1405) lagert der älteste Fasswein Deutschlands, ein Tropfen von 1653. An der Nordwestecke des Rathauses sind seit 1953 die von Gerhard Marcks geschaffenen **Bremer Stadtmusikanten** zu finden.
Benachbart erhebt sich als frühere Ratskirche die **Liebfrauenkirche** (Urspr. 13. Jh.). Schräg gegenüber ragen die Türme des **St.-Petri-Doms** knapp 93 m in den Himmel. Erbaut bereits im 11. Jh., wurde der mächtige, urspr. romanische Sakralbau mehrfach um- bzw. ausgebaut. Im Bleikeller der Kirche sind mehrere Mumien zu bestaunen, 1698 durch Zufall entdeckt (**Dommuseum,** www.stpetridom.de; Mo.–Fr. 10.00–16.45, Sa. 10.00–13.30 und So. 14.00–16.45 Uhr). Das **Haus der Bremischen Bürgerschaft** sorgte bereits in Planung für Aufruhr als zu modern für Bremens mittelalterliche „gute Stube". 1966 wurde das von Wassili Luckhardt entworfene Gebäude fertiggestellt – und die Bremer haben sich daran gewöhnt; seit 1992 steht es unter Denkmalschutz. Der wiederholt umgestaltete **Schütting,** das Haus der Kaufmannschaft Bremens und Sitz der Handelskammer in Renaissanceformen, entstand im 16. Jahrhundert.
Die ❼ **Böttcherstraße** ist eher eine Gasse und eine Art Gesamtkunstwerk, seit sie der Bremer Kaufmann Ludwig Roselius zwischen 1922 und 1931 als „eine Verbindung von traditioneller Kunst und Kunsthandwerk mit der schöpferischen Moderne" neu gestalten ließ. Jüngster Teil und südlicher Abschluss der Gasse zur Martinistraße ist das Haus Atlantis (s. Tipp S. 40).
Ältestes Viertel der Stadt ist der ❹ **Schnoor** mit pittoresken Fachwerkhäusern und verwinkelten Gassen. Im einstigen Fischer- und Handwerkerquartier haben sich viele Kunsthandwerker, Galerien, Cafés und Restaurants angesiedelt.

**ÜBERSEESTADT**
Dort, wo einst innerbremische Hafenwirtschaft boomte, wo Baumwolle, Wein, Kakao und Kaffee, Tabak, Bananen, Holz und vieles mehr umgeschlagen wurden, entsteht seit dem Ende der 1990er-Jahre auf 300 ha die Bremer Überseestadt, ein urbanes Viertel am Wasser. Ein spannender, aber nicht unproblematischer Mix aus Industrie und Dienstleistungen, Wohnen und Kultur.
Das ⓬ **Hafenmuseum Speicher XI** vermittelt dem Besucher einen guten Überblick über die Geschichte der Bremer Häfen (Am Speicher

XI 1, www.hafenmuseum-speicherelf.de; Di. bis So. 11.00–18.00 Uhr). Angegliedert ist das **Infocenter Überseestadt,** das über den Wandel des Hafengebiets zu einem modernen urbanen Quartier berichtet (www.ueberseestadt-bremen.de; Di.–So. 11.00–18.00 Uhr).
⑪ **Schuppen Eins** beherbergt u. a. das Zentrum für Automobilkultur mit „gläsernen" Werkstätten, die Einblick in Restauration und damit zusammenhängende Arbeiten bieten (Konsul-Smidt-Straße 20–26, www.schuppeneins.de; Mo.–Fr. 8.00–19.00, Sa., So. 10.00–18.00 Uhr).

## Museen

An die 40 Museen und Ausstellungen zu nahezu jeder Thematik erwarten Besucher. Hier eine Übersicht der besonders interessanten.

### KUNSTMUSEEN

Die **Kunsthalle Bremen** zählt zu den bedeutenden Sammlungen Deutschlands (s. S. 55). Nebenan, im **Wilhelm-Wagenfeld-Haus,** dreht sich alles ums Design (s. S. 55). Gegenüber präsentiert das **Gerhard-Marcks-Haus** moderne und zeitgenössische Bildhauerei (s. S. 55).
Die ⑧ **Weserburg,** Bremens Museum für moderne Kunst, präsentiert die Entwicklung der Kunst von den 1960er-Jahren bis heute. In Europas erstem Sammlermuseum sind unter anderem Werke von Joseph Beuys und Andy Warhol zu sehen (Teer-hof 20, Tel. 0421 59 83 90, www.weserburg.de; Di.–So. 11.00 bis 18.00, Do. 11.00–20.00 Uhr). Das ⑦ **Ludwig Roselius Museum** präsentiert eine Sammlung von Kunst und Kunsthandwerk aus Gotik, Renaissance und Barock (Böttcherstraße 6, Tel. 0421 338 82 22, www.museen-boettcherstrasse.de; Di.–So. 11.00 –18.00 Uhr). Bernhard Hoetger errichtete den expressionistischen Bau auch für die Werke der Künstlerin **Paula Modersohn-Becker** (gleiche Zeiten wie Ludwig Roselius Museum).

*Im Rathaus glänzt die Jugendstil-Güldenkammer. Draußen vor dem Rathaus sind ohne Zweifel die Bremer Stadtmusikanten die Attraktion.*

### WEITERE MUSEEN

Das völker-, natur- und handelskundliche ① **Übersee-Museum** entführt Besucher frei nach dem Motto „Die Welt unter einem Dach" zu einer Reise um den Globus: Asien und Ozeanien, Amerika und Afrika (Bahnhofsplatz 13, Tel. 0421 16 03 80, www.uebersee-museum.de; Di.–Fr. 9.00–18.00 sowie Sa. und So. 10.00 bis 18.00 Uhr).

## Unterhaltung

### THEATER UND MUSIK

Das **Theater Bremen** hat in den 1960er- und 1970er-Jahren Bühnengeschichte geschrieben (s. S. 55). Die ⑥ **bremer shakespeare company** gründete sich 1983 als Theaterkollektiv und ist seither aus der Bremer Kulturszene nicht mehr wegzudenken (Schulstraße 26/Leibnizplatz, Tel. 0421 50 03 33, www.shakespeare-company.com).
Das ⑤ **Schnürschuh-Theater** ist eines der ältesten und renommiertesten Kinder- und Jugendtheater Deutschlands; auch für Erwachsene sind Stücke im Spielplan (Buntentorsteinweg 145, Tel. 0421 55 54 10, www.schnuerschuh-theater.de).
③ **Die Glocke** wurde aufgrund ihrer fantastischen Akustik von Herbert von Karajan als einer der besten drei Konzertsäle Europas geadelt (Domsheide 6–8, Tel. 0421/33 66 99, www.glocke.de). Den größten Konzertsaal Bremens nennen die Bremer immer noch **Stadthalle** (www.oevb-arena.de).
Die ⑤ **Schwankhalle** steht für innovative und experimentelle Produktionen junger (Bremer) Künstler (Buntentorsteinweg 112, Tel. 0421 52 08 07 10, www.schwankhalle.de).
Das ⑨ **GOP Varieté-Theater** öffnet seine Pforten am Weserufer (Am Weser-Terminal 4, Tel. 0421 89 89 89 89, www.variete.de). Im ⑩ **Pier 2** (Gröpelinger Fährweg 6, Tel. 0421 691 81 81, www.pier2.de) finden regelmäßig Pop- und Rockkonzerte statt.

### VERANSTALTUNGEN

Die größten Volksfeste sind die **Osterwiese** (www.osterwiese.com) und der **Bremer Freimarkt** (www.freimarkt.de, Okt./Nov.) auf der Bürgerweide; der Freimarkt-Umzug findet am 2. Sa. des Volksfestes statt.
Außer dem Freimarkt wird auch das Radrennen **Bremer Sechstagerennen** im Januar gern als die „fünfte Jahreszeit" Bremens bezeichnet (www.sixdays bremen.de, s. auch „Unsere Favoriten" S. 22).
Die **Jazzahead** im April ist sowohl Musikfachmesse als auch Jazzfestival (www. jazzahead.de).
Das **Musikfest Bremen** (Ende Aug./Anf. Sept.) wird jedes Jahr mit einer „Großen Nachtmusik" eröffnet und bietet an verschiedenen Standorten eine Vielfalt an Konzerten (www.musikfest-bremen.de). Straßenkünstler begeistern im Sommer ihr Publikum beim **Internationalen Straßenzirkusfestival „La Strada"** (www.strassenzirkus.de).
Der **Weihnachtsmarkt** samt Schlachte-Zauber gilt als einer der schönsten Deutschlands (www.bremer-weihnachtsmarkt.de).

**Tipp**

### In eine andere Welt

Das Haus Atlantis in der Böttcherstraße, 1930/1931 nach den Entwürfen von Bernhard Hoetger gebaut, fällt in Bremens Flaniermeile aus dem Rahmen. Das aus Glas, Stahlbeton und Holz gestaltete Treppenhaus zählt zu den bedeutendsten Art-déco-Werken Norddeutschlands und führt hinauf in den mystisch anmutenden Himmelssaal, einen beeindruckenden lichtdurchfluteten Raum mit einer parabolischen Kuppel aus weißen und blauen Glasbausteinen. Das Haus Atlantis gehört heute zum „Hotel Radisson Blue", das die Atlantis-Besucher hinterher mit einem ganz und gar bodenständigen Kaffee gern wieder erdet.

Hotel Radisson Blue, Böttcherstraße 2, Tel. 0421 369 60. Treppenhaus und Himmelssaal können nach vorheriger Anmeldung besichtigt werden.

*»›Weißt du was‹, sprach der Esel, ›ich gehe nach Bremen und werde dort Stadtmusikant, geh mit und laß dich auch bei der Musik annehmen.‹«*

Regelmäßig findet Sa. ein **Flohmarkt** am Weserufer statt, So. einer auf der Bürgerweide (www.breminale.de); im Winter zieht er weseraufwärts nach Hastedt ins Hansa Carré.

### EINKAUFEN

Die autofreien Einkaufsmeilen in der City sind die **Sögestraße** und die **Obernstraße. Am Wall** und in der **Domshofpassage** findet man Geschäfte für die gehobene Kundschaft. Souvenirs sind am **Marktplatz,** in der **Böttcherstraße** und im **Schnoor** zu bekommen.

## Hotels & Restaurants

### HOTELS

Das **€ € € Hotel ÜberFluss** an der Weser überzeugt mit außergewöhnlichem Design (Langenstraße 72, 28195 Bremen, www.hotel-ueberfluss.de). Das **€ € € / € € Atlantic Grand Hotel Bremen** (Bredenstr. 2, 28195 Bremen, www.atlantic-hotels.de) und das **€ € € / € € Radisson Blu** (Böttcherstr. 2, 28195 Bremen, www.radissonblu.de/hotel-bremen) zählen zu den empfehlenswerten Hotels in der Bremer Innenstadt. In der Überseestadt empfängt das **€ € € / € € Hotel Steigenberger** seine Gäste (Am Weser-Terminal 6, 28217 Bremen, www.steigenberger.com). Preisgünstige Alternativen sind unter anderem das **€ Prizeotel** in Hauptbahnhofsnähe (Theodor-Heuss-Allee 12, 28215 Bremen, www.prizeotel.com) und das **€ Classico** am Markt (Hinter dem Schütting 1A, 28195 Bremen, www.hotel-classico-bremen.de).

### RESTAURANTS

Das **€ € € Topaz** überzeugt durch eine exquisite internationale Küche (Langenstraße 2, www.topaz-bremen.de). Eine Institution ist **€ € € Grashoff's Bistro** (Contrescarpe 80, www.grashoff.de). Im **€ € € / € € Bremer Ratskeller** kann man in historischem Umfeld regionale Spezialitäten und gute Weine genießen (Am Markt, www.ratskeller-bremen.de). Die **€ € € / € € Osteria** zählt zu den besten Italienern in Bremen (Schlachte 1, www.osteria-bremen.de).

Im Schnoor speist man vorzüglich in **€ € € / € € Schröter's Leib und Seele** (Schnoor 1, www.schroeters-schnoor.de) und im **€ € € / € € Katzencafé** (Schnoor 38, www.katzen-cafe.de). Das **€ € € / € El Mundo** (Überseestadt, Schuppen 1, Konsul-Smidt-Straße 10a, www.elmundo-bremen.de) überzeugt mit einem sehr guten Preis-Leistungs-verhältnis.

Exzellente syrische Spezialitäten serviert das Restaurant **€ € € / € € Al Dar** an der Nordseite des Schuppen 1 in der Überseestadt (Konsul-Smidt-Straße 26, www.aldar.de). Kultstatus besitzt das **Bratwurstglöck'l von Stockhinger** neben dem Rathaus; Bremer schwören auf das Modell „vom Rost".

Wer feinste Kuchenspezialitäten genießen will, der ist in den traditionsreichen Konditoreien **Knigge** (Sögestraße 42) und **Stecker** (Knochenhauerstraße 14) bestens aufgehoben.



Genießen Erleben Erfahren

DuMont Aktiv

# Caffee, Liebe, Leben.

**Bremen ist** nach wie vor die Kaffeestadt Deutschlands: Knapp die Hälfte des deutschen Kaffees wird in der Hansestadt geröstet. Bei einem Kaffeeseminar des Traditionsunternehmens Lloyd Caffee erfährt man alles über die Kunst des Kaffeeröstens.

**Röstmeister Christian Ritschel** weiht Interessierte in die Geheimnisse des Kaffeeröstens ein, erzählt u. a., dass bei Lloyd Caffee das Röstverfahren bei gleichbleibenden Temperaturen 20 Minuten benötigt, während die Industrie den Prozess in einer guten Minute abwickelt. Durch das schonende Röstverfahren werden magenunfreundliche Säuren der Bohnen abgebaut und die Aromenvielfalt des Kaffees gefördert.

**Während der eine oder andere** der Besucher noch überrascht feststellt, dass die Kaffeebohne keineswegs braun, sondern hell ist, schreitet Ritschel weiter im Thema voran. Er spricht über den Anbau, über die Erntemethoden und über die besten Kompositionen aus verschiedenen Bohnen, die streng genommen keine Bohnen, sondern kirschähnliche Steinfrüchte sind. Und natürlich weiß er, wie man einen wirklich aromatischen Kaffee zubereitet. Der Duft der gerösteten Bohnen ist betörend, das Aroma der „Bremer Mischung" bei der Verköstigung unschlagbar. Ganz gemäß dem Firmenslogan: „Caffee, Liebe, Leben."

**Weitere Informationen**

**Lloyd Caffee:** Fabrikenufer 115, Bremen-Überseestadt, Tel. 0421 38 33 22 11, www.lloyd-caffee.de; Seminare jew. Mo. 11.00, 1. Fr. im Monat 15.00, 1. So. im Monat 15.30 Uhr. Rösterei-Café und Rösterei-Laden Mo.–Fr. 8.30–17.00, Sa. und So. 11.00–17.00 Uhr

**Kaffeerösterei Münchhausen:** Geeren 24, Bremen-Altstadt, Tel. 0421 1 21 00, www.muenchhausen-kaffee.de (mit aktuellen Führungsterminen); Rösterei-Laden Mo.–Fr. 10.00–12.30 Uhr

*Der Kaffee des Traditionsunternehmens Lloyd Caffee stammt vor allem von kleinen Familienplantagen in Südamerika, Afrika und Indonesien.*

# Ein Stadtteil namens „Viertel“

**Sven Regener – Musiker, Schriftsteller und gebürtiger Bremer – hat ihm in seinem Buch „Neue Vahr Süd“ ein Denkmal gesetzt: dem Bremer „Viertel“. Geprägt von der Architektur Altbremer Häuser und einer bunten Kneipen- und Gastronomieszene lässt es sich hier wunderbar leben, shoppen und flanieren. Große Kunst wird auf der Kulturmeile präsentiert. Nur etwas mehr als einen Abstoß entfernt spielt der SV Werder – das ist mal große Fußballkunst und mal Kampf um den Klassenerhalt. Für die Bremer jedenfalls ist Werder genau so wichtig wie der Roland oder die Stadtmusikanten.**

Auch was die Farbenfreude betrifft, braucht sich der Bremer Karneval vor südlicheren Varianten nicht zu verstecken.

Mal mehr, mal weniger repräsentativ, aber möglichst immer gründerzeitlich zeigen sich die Bremer Häuser in der Schwachhauser Franziusstraße am Bürgerpark.

Die Engel-Apotheke im Ostertorsteinweg hält als Weincafé das eine oder andere köstliche Heilmittel bereit. Die entspannte Atmosphäre trägt ihren Teil zum Wohlbefinden bei.

Leichte Widerborstigkeit hat im „Viertel“ durchaus Tradition.

Nicht immer ist es die große Kunst, die am Sielpfad beispielsweise Fassaden ziert.

Die Zeiten des einstigen „Freistaates Ostertor“ sind zwar Vergangenheit, doch unverändert wird hier freier Geist geschätzt.

Wer heute durchs Ostertor lustwandelt, von den Bremern nur „Viertel“ genannt, müsste eigentlich ein paar stille Dankesworte an die Aktivisten des Arbeitskreises Ostertorsanierung richten. Man muss ihnen dafür danken, dass sie in den frühen 1970er-Jahren gegen ein wahres Monstrum der Stadtsanierung auf die Barrikaden gingen und letztendlich das „Viertel“ retteten. Vor rund 40 Jahren plante der Bremer Senat eine Osttangente, die bald unter dem Begriff „Mozarttrasse“ Angst und Schrecken verbreitete.

Das „Viertel“ war ein Quartier der sogenannten kleinen Leute, aber auch schon damals das der Studenten und (Lebens-)Künstler. Bunt, multikulturell, bisweilen ganz schön laut und ein wenig subversiv, auf jeden Fall lebens- und liebenswert. Die „Mozarttrasse“, eine Schnellstraße mit einer Bebauung von bis zu 28 Stockwerke hohen Gebäuden, hätte dem „Viertel“ mit seinen verwinkelten Sträßchen, den typischen Altbremer Häusern und den vielen Eck- und Szenekneipen definitiv den Garaus gemacht. Im November 1973 verabschiedete sich der Bremer Senat gottlob von den Plänen. Und der Arbeitskreis Ostertorsanierung wurde 2009 sozusagen posthum mit der Bremer Auszeichnung für Baukultur gewürdigt.

### Bremens buntes Biotop

Das „Viertel“ blieb also und veränderte sich doch stetig. Alteingesessene „Ostertorsche“ befürchteten schon, das Sanierungsgebiet würde zum „Schickimicki-Viertel“ mutieren. Dass die Mieten bald nicht mehr zu bezahlen wären für die Ureinwohner und für das neu hinzugezogene Jungvolk, das sich in diesem Biotop mittlerweile so wohl fühlte. Wieder wurde reichlich protestiert, Häuser wurden besetzt, die Sielwall-Kreuzung wurde im wahrsten Sinne des Wortes zu einem Brennpunkt in der Hansestadt.

Und so ist das Ostertor kein zweites Prenzlauer Berg geworden, wo sich nur noch Besserverdiener eine Bleibe leisten können. Zwar herrscht eine gewisse Fluktuation, Geschäfte am „O-weg“ gehen und kommen. Aber so lange man im Litfass ganz in Ruhe ein Bier trinken, so lange man bei Holtorf – Feinkost und Kolonialwaren noch selbst zusammengestelltes Müsli kaufen, so lange man in der bereits 1929 eröffneten Schauburg und im 40 Jahre jüngeren Cinema noch Filme jenseits des Mainstreams schauen und so lange man am Osterdeich im Sommer ungestört Grillfeste veranstalten kann – so lange ist und bleibt das „Viertel“ Bremens lebendigstes und geliebtes Quartier.

Das Universum verhilft nicht nur zu Erkenntnissen, es bietet zudem auch manches Erlebnis (oben links und rechts, unten rechts). Der „Sommer in Lesmona" ist vor allem ein kultureller Genuss, wenn beispielsweise der österreichische Schauspieler Fritz Karl liest (unten links).

Bremens Theaterszene segelt unter der größtmöglichen Dichterflagge und versucht erfolgreich, diesem Anspruch gerecht zu werden.

Fussball in Bremen

Special

# Lebenslang Grün-Weiß

Unweit des Ostertors wird im Weserstadion gelitten, angefeuert und gehofft ...

**Das Weserstadion ist Spielstätte des einst so ruhmreichen SV Werder.** Dass es immer noch Weserstadion heißt, ist Balsam für die Seele von Fußball-Romantikern – und davon gibt es in Bremen reichlich. In einer Vereinshymne heißt es: „Lebenslang Grün-Weiß". Werder gilt als bescheiden, seriös und hanseatisch. Der Verein jedenfalls passt prima zur Stadt. Nirgendwo sonst mutierten Fußballspiele so oft zum Spektakel wie im Weserstadion. Hier regierte jahrelang „König Otto" Rehhagel, später sein Kronprinz Thomas Schaaf. „Eher hauen sie den Roland vom Marktplatz, bevor wir Thomas Schaaf entlassen", hieß es. Letztendlich muss man froh sein, dass sich diese Prophezeiung nicht bewahrheitete: Schaaf wurde 2013 entlassen. Und nun wird weiter gehofft, dass es aufwärts geht.

## Von Friedrich bis Cage

Die „Kulturmeile" schlägt die Brücke zwischen Viertel und Innenstadt. Dort präsentiert die Kunsthalle Bremen ihre immense Bandbreite an Kunstwerken: von Alten Meistern und Caspar David Friedrich über die französische und deutsche Kunst des 19. Jahrhunderts bis hin zu Installationen von Nam June Paik und John Cage sowie den großen Arbeiten von Candida Höfer. Das allein schon würde das Haus zu einem der bedeutendsten Kunstmuseen der Republik machen. Doch die Besonderheit liegt darin, dass die Sammlung bis heute privat betrieben wird. Es waren Bremer Kaufleute, die 1823 den Kunstverein Bremen gründeten. Zunächst ein elitärer Zirkel von „Pfeffersäcken", der sich der Schönheit der Kunst verschrieben hatte und lange nach einem passenden Domizil für seine Schätze suchen musste. Als die Kunsthalle dann endlich 1849 ihre Pforten öffnen konnte, gab es rund 500 Mitglieder, heute sind es mehr als 9000.

Nicht nur sie warten nach wie vor auf die Rückgabe von bedeutenden Kunstwerken, die während des Zweiten Weltkriegs ausgelagert wurden. Ein Gutteil davon kam ins Brandenburger Schloss Karnzow, nach Kriegsende von Mitgliedern der Roten Armee „geräumt". Kunstschätze von unschätzbarem Wert

Bei der Breminale am Weserdeich gibt es manche Überraschung (links oben und unten). Architektonisch erstaunte die Stadthalle manchen Bremer bei ihrer Eröffnung 1964 (oben rechts). Den Status eines Insidertipps hat der Karneval in Bremen längst hinter sich gelassen (unten rechts).

schienen verloren, waren verbrannt oder hingen nunmehr in sibirischen Wohnzimmern.

Im Herbst 1989 wurde ein gewisser Viktor Baldin in Bremen vorstellig. Der ehemalige Hauptmann der Sowjet-Streitkräfte hatte 1945 Gemälde und Zeichnungen unter anderem von Rubens, van Gogh und Rembrandt sichergestellt. Der Bremer Kunstverein beantragte die Rückgabe und erhielt 2003 tatsächlich einen positiven Bescheid des russischen Kulturministeriums, da es sich bei den Schätzen aus der Bremer Kunsthalle nicht um sogenannte Beutekunst handelte. Die Duma verweigert jedoch die Rückgabe. Kleiner Trost: 2013 kehrten weitere Zeichnungen von Toulouse-Lautrec sowie Radierungen

**Beim Samba-Karneval und bei der Breminale zieht es die Menschen auf die Straßen Bremens und auf die Osterdeichwiesen.**

von Rembrandt und Goya zurück nach Bremen. Sie waren in Norwegen gelandet und sollten in London versteigert werden, ehe man auf den Rückseiten der Werke den Stempel des Bremer Kunstvereins entdeckte und die Bilder nach langwierigen Verhandlungen zurückholen konnte.

### Bremens „grüne Lunge"

Seinen Anfang nahm er als schlichte Weide. Großzügig gewährte der Erzbischof seinen Schäfchen vor den Stadttoren gemeinschaftliches Grün. Das war 1159, und die Bremer hatten nichts Besseres zu tun, als ihr Vieh auf diese Bürgerweide zu treiben. Und so blieb es jahrhundertelang – bis zu einem Sommertag 1865 beim „Zweiten Deutschen Bundesschießen", mit dem sich die Hansestadt bundesweit ins rechte Licht

Im Bremer Umland, an der Wümme beispielsweise, lässt sich gut radeln (oben links). Hinter einem „Portal“ aus Walkiefern hält das Vegesacker „Hafenhaus“ gastliche Tradition aufrecht (oben rechts). Wann kommt das Schiff endlich zurück – „Utkiek“ nennt sich die Skulpturengruppe von Thomas Recker am Vegesacker Hafen (unten links), wo das „Segelschulschiff Deutschland“ den letzten Liegeplatz hat (unten rechts).

In der Tradition der Bürgerpark-Festhalle und im Stil eines fürstlichen Landsitzes wurde 1954 am Hollersee das „Park Hotel Bremen" errichtet.

Bremens Grün umfasst 20 Millionen Quadratmeter mit 300 000 Bäumen, die es zu pflegen und zu erhalten gilt.

zu setzen bemühte. Weil die Schützen mächtig ins Schwitzen gerieten und ein angemessenes Ambiente zur Abkühlung vermisst wurde, lag die Idee nahe, einen Park anzulegen. Im Übrigen waren städtische Landschaftsparks seinerzeit sehr en vogue in den Metropolen – New Yorks Central Park beispielsweise sorgte weltweit für Gesprächsstoff.

Heute wird im Bremer Bürgerpark nur noch höchst selten geschossen, das innerstädtische Naherholungsgebiet ist einer der schönsten Landschaftsparks Deutschlands und im wahrsten Sinne des Wortes ein Bürgerpark. Denn er wird unverändert wie vor 150 Jahren von den Bremer Bürgern betrieben und finanziert – wozu auch die gemütliche „Marie" beiträgt. Technisch zwar absolut heutig, schippert sie ihre Fahrgäste ganz im Stil der letzten Kaiserjahre zwischen Emmasee und Meierei übers Wasser hin und her.

### Scheich am Deich

Seit jeher gab es hier einen Gasthof, dessen Wirt die anlandenden und wartenden Fährgäste versorgte und wohl auch deren Beutel leerte – eben ihren Sack fegte. Vor rund 400 Jahren war es dann mit der Beschaulichkeit vorbei, als Bremen in Vegesack den ersten künstlichen Flusshafen Deutschlands anlegte. Es wurde auch langsam Zeit, war doch die stetige Versandung der Weser im Bereich der Schlachte ein zunehmendes Ärgernis und bereits ein Handelshemmnis. Bis heute fühlt man sich der maritimen Tradition verpflichtet und ist ein bisschen stolz auf die alten Zeiten, als hier mancher Walfänger zu Hause war. Und auf die Werften mit ihren gut 250 Jahren Bootsbautradition. Bis in die 1990er-Jahre wurden beim Bremer Vulkan dicke Pötte gebaut, bis auch dieser altehrwürdige Schiffbaubetrieb schließen musste. Die Lürssen-Werft mit Standbeinen überall im deutschen Norden hingegen blieb auch hier gut im Geschäft.

Manchmal bekommen sie dort auffälligen Besuch. Dann steht plötzlich ein Scheich am Deich, um sein neues Spielzeug zu begutachten. Lürssen hat sich nämlich – immer am Puls der Zeit – auf den Bau von exklusiven Luxusyachten spezialisiert. Und ab und an schauen die Burnusträger aus dem Morgenland eben mal nach, ob der Hubschrauberlandeplatz oder das 3-D-Kino auf den schwimmenden Palästen auch so recht ihren Vorstellungen entsprechen.

Die schönsten Paddeltouren

# Auf reizvollen Wasserwegen

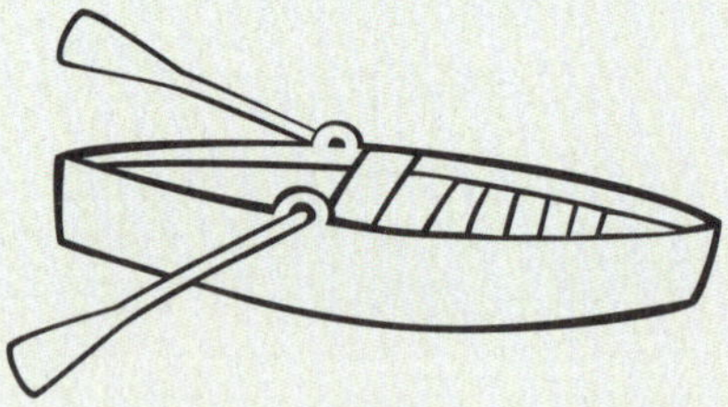

**Das Elbe-Weser-Dreieck vom Wasser aus zu entdecken ist ein ganz besonderes Erlebnis. Zahlreiche kleine Flüsschen schlängeln sich in unzähligen Kurven durch die weitläufige Landschaft der Norddeutschen Tiefebene. Sie sind ein Eldorado für Paddler, die es gemütlich mögen. Weil Stromschnellen selten vorkommen, bieten sich Kanu- und Kajak-Touren hier auch für Einsteiger an!**

## 1 Durch die Hammeniederung

Wo einst die traditionellen Torfkähne voll beladen mit ihrer Fracht vom Teufelsmoor nach Bremen schipperten, lassen sich heute ganz entspannte Paddeltouren in einer norddeutschen Bilderbuch-Landschaft erleben. Denn die Hamme schlängelt sich über knapp 50 Kilometer durch Feuchtwiesen und sattgrüne Weiden zwischen Osterholz-Scharmbeck, Worpswede und Ritterhude. Dort vereint sich der Fluss schließlich mit der Wümme zur Lesum, und Paddler müssen nun auf die Tide achten.

Kanu-Scheune
Verleihstation: Borgfelder Allee/Brücke (beim Borgfelder Landhaus)
28865 Lilienthal b. Bremen
Tel. 0162 9 00 36 14
www.kanuscheune.de

## 2 Auf der Außenweser

Von Bremerhaven aus lassen sich spannende Kanutouren auf der Außenweser unternehmen. Vor der Skyline des größten Container-Terminals der Welt trifft man nicht selten auf Seehunde oder gar Schweinswale. Die Touren auf der oft „kabbeligen" Außenweser sind – genau wie die Törns an der Wurster Nordseeküste – allerdings nur erfahrenen Kanusportlern zu empfehlen.

Kanu-Verein Unterweser e. V.; Bootshaus:
Ludwigstraße 1 (An der alten Geestebrücke)
27570 Bremerhaven
http://kvu.der-norden.de

## 3 Gemütlich auf der Geeste

Auf endlos grünen Marschwiesen spazieren Reiher und Störche umher, weiden friedlich die typischen Schwarz-Bunten der Region. Mitten hindurch durch diese norddeutsche Idylle fließt die Geeste und zieht sich der Elbe-Weser-Schiffahrtsweg. Dieser hat seine Bedeutung für die Berufs-Schifffahrt verloren und ist inzwischen ein Eldorado für Wassersportler. Fluss und Kanal, der bis Bad Bederkesa als Bederkesa-Geeste-Kanal durch die Marschlandschaft führt, sind für Paddelanfänger bestens geeignet.

Tel. 0171 9 55 07 22
www.ankes-kanuverleih.de

## 4 Paddeln hinter dem Elbdeich

Den Tidenkalender sollte man bei Kanutouren auf der Medem im Land Hadeln auf jeden Fall dabei haben. Schließlich fließt das Flüsschen nur wenige Kilometer abseits der Elbmündung. Empfehlenswert als Kurzausflug sind die Touren auf der Medem Richtung Deich sowie die Runde durch das hübsche Städtchen Otterndorf. Selbst Anfänger schaffen die Route ins Landesinnere nach Ihlienworth und zurück an einem Tag. Für die Tour auf dem Hadelner Kanal durchs Sietland sollte man schon zwei Tage einplanen.

Dieter Rüdiger
Uferweg 4
21762 Otterndorf
Tel. 0175 8 19 55 02
http://dieter-ruediger.de

## 5 Auf der Oste

In unzähligen Schleifen und Windungen mäandert die Oste von ihrer Quelle im nordwestlichsten Zipfel der Lüneburger Heide bis zur Elbmündung. Auf den ersten rund 20 Kilometern ist der Fluss nicht befahrbar, einsteigen kann man bei Heeslingen und hat dann noch rund 130 Kilometer pures Paddelvergnügen vor sich. Zunächst durch eine abwechslungsreiche Heide- und Moorlandschaft, hinter Bremervörde fließt die hier nun tideabhängige Oste durch die Marsch bis nach Neuenhaus an der Elbe.

Infos und Verleih:
www.kanu-on-tour.de,
www.kanuwelt.de,
www.tourow.de

## 6 Auf die Elbinsel

Paddeln auf der Unterelbe ist ein aufregendes Erlebnis und verlangt etwas Erfahrung. Schließlich begegnet man dort riesigen Container- und Kreuzfahrtschiffen, die den Hamburger Hafen anlaufen oder von dort aus in die Ferne starten. Mit dem Kanu geht es natürlich nicht so weit hinaus; es empfiehlt sich ein Ausflug hinüber auf die Elbinsel Lühesand, wo man auf dem idyllischen Campingplatz sogar übernachten kann. Bei einer Paddeltour auf der häufig recht unruhigen Unterelbe sollte man nicht nur den großen „Pötten" mit Respekt und genug Abstand begegnen, sondern vorher auch einen Blick in den Tidenkalender werfen.

www.wv-suederelbe.de

## 7 Durch die Hansestadt

Für nordwestdeutsche Verhältnisse geht es auf der Este anfangs geradezu abenteuerlich zu: Auf dem Abschnitt zwischen Hollenstedt und Moisburg sind einige Schwälle und Stromschnellen zu bewältigen. Ruhiger verläuft unsere idyllische Strecke zwischen Moisburg und Buxtehude. Für einige Jahre gesperrt, kann man jetzt wieder bis in die Hansestadt Buxtehude paddeln. Weiter geht es durch die Obstbaumplantagen des Alten Landes bis zur Elbmündung.

Infos und Verleih:
www.este-boote.de,
www.kanufertiglos.de,
www.buxtehuder-kv.de,
www.urlaubsregion-altes land.de

## 8 Wälder, Wiesen, Wümme

WWW steht in diesem Fall für Wälder, Wiesen, Wümme und damit für eines der schönsten Paddel-Reviere im Nordwesten. Die knapp 120 Kilometer lange Wümme teilt sich hinter Rotenburg in einen Nord-, Mittel- und Südarm und bildet fast bis zur Mündung in die Lesum ein in Norddeutschland einzigartiges Binnendelta. Die sogenannten Wümmewiesen sind ein Paradies für zahlreiche Vogelarten und Wassersportler gleichermaßen. Besonders sehenswert an der Strecke ist das Künstlerdorf Fischerhude, in dem auch Otto Modersohn lebte.

Infos und Verleih:
www.kanufertiglos.de,
www.kanuscheune.de,
www.tourow.de

Maßstab 1:22.500
0
200m
Kuhgraben-see
Naturschutz-gebiet
NSG "Am Stadt-waldsee"
Straßenkampsfleet
In den Hufen
Hauptfuhr-park
Müllverbrennungs-anlage
Stadtwaldsee (Unisee)
Zum Platzhirsch
FKK Strand
1 = Forschungsverfügungsgeb
2 = Zentr. für Humangenetik
3 = Betriebshof
4 = Naturwissenschaften II
5 = Studentenwohnheim
6 = Geowissenschaften
7 = Inst. für Strahlentechnik
8 = Bibliothek
9 = Ingenieurwissensch.
10 = Hörsaalgebäude
11 = Geisteswissensch. II
12 = Mehrzweckhochhaus
13 = Verwaltungsgebäude
14 = Geisteswissenschaften I
15 = Naturwissenschaften I
16 = Umweltforschung
17 = M.-Planck-Inst. f. Marine
18 = Innovations-u. Technik-Zentr.
19 = Zentr. f. Marine Tropenökologie
20 = Zentr. f. Complexe Systeme u. Visualisierung
E234
Holler-land
AS Bremen-Horn/Lehe
Stadtteil Horn-Lehe
Universität
Universum Bremen
Universitätsallee
Autobahnzubringer Universität
Badestrand
Liegewiese
D.L.R.G. Station
4 = Hechtweg
5 = Forellenweg
6 = Goldfischweg
7 = Stintweg
8 = Bokelmannsweg
10 = Ehlerskamp
11 = Dreweweg
Stadtwald
Trimm-Dich-Pfad
Finnbahn
Munte
Verbindungskanal
Lehe
Weidedamm
Neu-Schwachhausen
BREMEN
Riensberg
Radio
Stadtteil Findorff (zu Bremen)
Marcusbrunnen
Bürgerpark
Schweizerhaus
Holler See
1 = Eisenbahnstr.
2 = Frankfurter Str.
3 = Am Bredenkamp
4 = Schweizer Str.
Emma-See
Messehallen 1-6
Congress Centrum
Bürgerweide
Hollerallee
Parkallee
Br.-Hbf
Stadtteil Schwachhausen
Barkhof
Bremen
Kurfürstenallee
1 = Adalb.-Stifter-Weg
2 = Wildermuthplatz
3 = Ohrdrufer Weg
4 = Orlamünder Weg
5 = Rudolstädter Weg
6 = Stadtrodaer Weg
7 = Schmöllner Weg
Gartenstadt Vahr
Gete
Fesenfeld
Stadtt. Östl. Vorstadt
Hulsberg
Steintor
Hastedt
Bismarckstraße
Osterdeich
Weser
Weserstadion
Peterswerder
Pauliner Marsch
Baugeb. (geplant)
5 = Bremer Str.
6 = Seilerstraße
7 = Eschenstraße
8 = Mecklenburger Str.
9 = Am Langen Deich
10 = Arberger Str.
11 = Rotenburger Str.
Horner Heerstr.
Bürgermeister-Spitta-Allee
H.-H.-Meier-Allee
Stresemannstr.
1
2
3
4
5
6
7
8
9
10
11
12
13
18
19
27

# Kiez und Kulturmeile

*Welterbestätten wie Rathaus und Roland werden Bremens außerhalb der Wallanlagen gelegenen Stadtteile, meist reine Wohn- oder Gewerbegebiete, nie werden. Dennoch sollte man vor allem diesem „Viertel" einen Besuch abstatten – wie auch Bremens „grüner Lunge", verbunden mit einer Visite im Wissenschaftscenter Universum.*

## Ostertorviertel

Das Bremer Ostertor (mit dem Steintor) ist der Kiez der Bremer. Was den Hamburgern die „Schanze" ist, das ist den Bremern ihr „Viertel". Einst Wohnort der kleinen Leute, hat es sich in den Zeiten der 1968er-Generation zum subversiven Zentrum der Hansestadt entwickelt. Inzwischen geht es friedlicher, aber nicht weniger lebendig zu. In Kneipen, Cafés und Restaurants lässt es sich verweilen und genießen. Abgesehen von der „Kulturmeile Ostertor" mit der Kunsthalle, dem Gerhard-Marcks-Haus und dem Wilhelm-Wagenfeld-Haus ist das „Viertel" mehr erlebens- denn sehenswert. Man sollte dennoch ab und an den Ostertorsteinweg verlassen und sich rechts und links durch die verwinkelten Straßenzüge treiben lassen und die besondere Architektur der typischen Altbremer Häuser betrachten.

### MUSEEN

Die 5 **Kunsthalle Bremen** TOPZIEL bietet eine der umfangreichsten und wichtigsten Sammlungen deutschlandweit. Schwerpunkt der Dauerausstellung in dem denkmalgeschützten Bau von 1849 bildet französische und deutsche Malerei des 19. und 20. Jh. mit Werken von Claude Monet, Édouard Manet, Paul Cézanne sowie Gemälden von Vincent van Gogh, Max Liebermann und Paula Modersohn-Becker, aber auch Installationen (Am Wall 207, Tel. 0421 32 90 80, www.kunsthalle-bremen.de; Di. 10.00–21.00, Mi.–So. 10.00–17.00 Uhr). Das benachbarte **Wilhelm-Wagenfeld-Haus** ist dem Thema Design gewidmet (Am Wall 209, Tel. 0421 3 39 99 33, www.wilhelm-wagenfeld-stiftung.de, Di. 15.00 bis 21.00, Mi.–So. 10.00–17.00 Uhr). Gegenüber präsentiert das 2016 umgebaute **Gerhard-Marcks-Haus,** benannt nach dem deutschen Bildhauer (1889–1981), moderne und zeitgenössische Bildhauerei (Am Wall 208, Tel. 0421 9 89 75 20, www.marcks.de; aktuelle Öffnungszeiten s. Website). Das **Wuseum** am Bremer Weserstadion präsentiert Exponate aus der Geschichte des ruhmreichen SV Werder Bremen – u. a. die Meisterschale und den DFB-Pokal –, aber auch Skurriles wie eine defekte Muffe namens Carola, die 2004 dafür sorgte, dass das Stadion stundenlang im Dunkeln lag (Franz-Böhmert-Straße 1c, Tel. 01805 93 73 37, www.werder.de).

*Genau hingucken lohnt: mit „Reckers Familie" in Vegesack, bei den Alten Meistern in der Kunsthalle und im Botanischen Garten*

### THEATER UND KINO

Das 4 **Theater Bremen** hat in den 1960er- und 1970er-Jahren unter seinem legendären Intendanten Kurt Hübner Bühnengeschichte geschrieben. Der innovative und avantgardistische „Bremer Stil" galt als bahnbrechend in der deutschen Theaterlandschaft, verzückte die Kritiker und verschreckte die Abonnenten. Es führten hier Größen wie Peter Zadek, Peter Stein und Rainer Werner Fassbinder Regie, auf der Bühne standen bekannte Stars wie Bruno Ganz, Vadim Glowna und Jutta Lampe (Goetheplatz 1–3, Tel. 0421 3 65 30, www.theater bremen.de).

Das 2 **Cinema Ostertor** wurde 1969 als erstes Programmkino in Deutschland gegründet und zeigt bis heute Filme jenseits des Mainstreams, für Cineasten ein guter Ort (Ostertorsteinweg 105, Tel. 0421 70 09 14, www.cinema-ostertor.de).

Neben der 1 **Schauburg** (Vor dem Steintor 114, Tel. 0421 79 25 50, www.bremerfilmkunsttheater.de) zählen auch die **Gondel** in Schwachhausen (Schwachhauser Heerstraße 207) und das **Atlantis** in der Böttcherstraße zum Zusammenschluss Bremer Filmkunst Theater.

### RESTAURANTS

Das € € € € **Kleine Lokal** verwöhnt seine Gäste mit exquisiten Speisen und erlesenen Weinen (Besselstraße 40, Tel 0421 7 94 90 84, www.das-kleine-lokal.de). In der € € € € **Küche 13** serviert Küchenchef Jan-Philipp Iwersen Erlesenes (Beim Steinernen Kreuz 13, Tel. 0421 20 82 47 21, www.kueche13.de; Reservierungen empfohlen). Gut essen und trinken kann man auch im € € € **Atrium**; mediterrane Delikatessen bietet das zugehörige Feinkostgeschäft (Vor dem Steintor 34, Tel. 0421 70 23 23, www.atrium-bremen.de).

Das € € / € **Bandoneon** versprüht eher Kneipenatmosphäre, ist aber schon seit fast 20 Jahren für seine gute mediterrane Küche bekannt (Gertrudenstraße 37, Tel. 0421 7 18 32, www.bandoneon-bremen.de). Das € € / € **Gallo** ist der perfekte „Italiener um die Ecke" (Hamburger Straße 29, Tel. 0421 2 44 30 64, www.gallo-bremen.de).

Empfehlenswert ist das € € € **Restaurant Isaak's Garden** in der Wachmannstraße 42a (www.isaaksgarden.de).

Gutes Eis gibt es bei **Ferrari** (Vor dem Steintor 110), **Panciera** (Ostertorsteinweg 73) sowie im **Eislabor** (Vor dem Steintor 31).
Wunderbar frühstücken kann man im **Café Ambiente** am Osterdeich (Osterdeich 69 a).

**AUSGEHEN**
Das **Litfass** ist seit Ewigkeiten eine der Szenekneipen im Bremer Viertel, der baumbestandene Platz vor der Kneipe im Sommer der beste Platz zum „Chillen" (Ostertorsteinweg 22, www.litfass-bremen.de). Weitere empfehlenswerte Kneipen des „Viertels" sind das **Wohnzimmer** (Ostertorsteinweg 99; junges Publikum), das **Café** im Kulturzentrum Lagerhaus (Schildstraße 12), das **Theatro** (Goetheplatz 1) und das **Fehrfeld** (Fehrfeld 58). Wer sich die Nacht um die Ohren schlagen will, der tut das am besten im **Heartbreak Hotel** (Fehrfeld 30) und in der **Capri-Bar** (Fehrfeld 35) im Bremer „Bermuda-Dreieck" oder im **Eisen** am Sielwall (Sielwall 9). Tanzwütige gehen in die legendäre **Lila Eule** (Bernhardstraße 10) oder in den **Römer** (Fehrfeld 31).

**EINKAUFEN**
Der ② **Ostertorsteinweg** und die anschließende Straße ① **Vor dem Steintor** bieten eine bunte Mischung für all diejenigen, die eine Alternative zum Einerlei der Innenstadt

**Tipp**

## Samba statt Helau

Heiße Sambarhythmen, waghalsige Stelzenläufer, fantasievolle Kostüme und Masken statt Kamelle und Pappnase – das ist der Bremer Karneval, der alljährlich im Februar zelebriert wird. Erstmalig zog 1986 eine kleine Schar mit ihren Trommeln durchs Viertel, um den Winter auszutreiben und das Frühjahr zu begrüßen. Inzwischen ist der Bremer Karneval einer der größten in Europa: Mehr als 1000 Teilnehmer bieten bis zu 40 000 Besuchern eine atemberaubende Show.

**WEITERE INFORMATIONEN**
www.bremer-karneval.de

suchen. Der ⑥ **Fedelhören** beherbergt die höchste Dichte an Antiquitäten-Geschäften in Bremen (www.fedelhoeren.de).

**PARKS UND GÄRTEN**
Vor allem das Jungvolk Bremens nutzt die ③ **Osterdeichwiesen** bei schönem Wetter zum Kicken, Grillen und Quatschen.
Für Familien ist das **Café Sand** am gegenüberliegenden Weserstrand ideal (Strandweg 106, www.cafe-sand.de).

**VERANSTALTUNGEN**
Bereits seit 1829 geht es bei der **Eiswette** darum, „of de Werser geiht oder steiht" (ob die Weser geht oder steht). Um das festzustellen, muss ein Schneiderlein, das nicht mehr als 99 Pfund wiegen darf, mitsamt eines heißen Bügeleisens am Dreikönigstag um Punkt 12.00 Uhr testen, ob man trockenen Fußes über den Fluss gelangt. Während der **Breminale** (www.breminale.de) im Sommer verwandeln sich die Osterdeichwiesen in ein buntes Festival.

## ● Schwachhausen

Gediegen geht es in Schwachhausen zu, einer der besten Wohnlagen der Hansestadt. Besonders in Bürgerparknähe stehen großzügige und repräsentative Bremer Häuser.

**MUSEUM**
Das ⑪ **Focke-Museum** informiert als Bremer Landesmuseum für Kunst- und Kulturgeschichte über mehr als 1200 Jahre Hansestadt Bremen (Schwachhauser Heerstraße 240, Tel. 0421 6 99 60 00, www.focke-museum.de; Di. 10.00–21.00, Mi.–So. 10.00–17.00 Uhr).

**PARKS UND GÄRTEN**
Bremens „grüne Lunge", der ⑨ **Bürgerpark**, macht seinem Namen alle Ehre, wird er doch aus privaten Spenden der Bremer Bürger gehegt und gepflegt. Auf den Gewässern des Parks kann man in Ruderbooten herumschippern oder eine anderthalbstündige Bootsfahrt mit dem Ausflugskahn „Marie" machen.

*Wasser spielt immer eine wichtige Rolle in Bremen: ob bei idyllischen Flussansichten oder der Kahnpartie im Bürgerpark.*

**THEATER UND MUSIK**
Der größte Konzertsaal Bremens hat viele Namensänderungen hinter sich (zzt. ÖVB-Arena); die Bremer nennen den markanten Bau an der Bürgerweide immer noch ⑦ **Stadthalle** (www.oevb-arena.de). Das benachbarte ⑧ **Kulturzentrum Schlachthof** ist ein wichtiger Veranstaltungsort für Musik, Theater und Lesungen (Findorffstraße 51, Tel. 0421 37 77 50, www.schlachthof-bremen.de). Der ⑬ **Sendesaal Bremen** auf dem ehemaligen Gelände von Radio Bremen wurde von einer Initiative vor dem Abriss gerettet und ist heute aufgrund seiner besonderen Akustik ein geschätzter Veranstaltungsort für Jazz und Klassik (Bürgermeister-Spitta-Allee 45, Tel. 0421 33 00 49 91, www.sendesaal-bremen.de).

**HOTEL**
Das **€ € € €** **Park Hotel Bremen** im Bürgerpark zählte zu den Leading Hotels of the World; nach der zwischenzeitlichen Insolvenz soll es auf gleich hohem Niveau weiterbetrieben werden (Im Bürgerpark, 28209 Bremen, http://hotel-bremen.dorint.com).

## ● Horn-Lehe

Rund um die Universität – 1971 in dem Wohngebiet gegründet und seit 2012 im Rahmen der Exzellenzinitiative des Bundes und der Länder ausgezeichnet – hat sich der Technologiepark Bremen angesiedelt.

**SEHENSWERT**
Das ⑩ **Universum** TOPZIEL ist längst eines der Wahrzeichen der Stadt. Das markante Gebäude aus Tausenden von Edelstahlschindeln

*»Bei der Eiswette gilt es herauszufinden, ›of die Werser geith or steiht‹ – ob die Weser geht oder steht.«*

Tipp

## Kojentraum

Das 1927 in Bremerhaven gebaute „Schulschiff Deutschland", ein imposanter Dreimaster der Handelsmarine und letztes sogenanntes Vollschiff in Deutschland, kann nicht nur besichtigt werden, man kann in den Kojen auch übernachten.

**DEUTSCHER SCHULSCHIFF-VEREIN**
Zum Alten Speicher 15, 28759 Bremen-Vegesack, Tel. 0421 658 73 73, www.schulschiff-deutschland.de; Mo.–Fr. 10.00–18.00, Nov.–Feb. bis 17.00, Sa., So. und Fei. 10.00–18.00, 1. Sa. im Monat 14.00–18.00 Uhr

erinnert an einen Wal und gilt als Vorbild zahlreicher Wissenschafts-Center, die verstärkt auf Erlebnischarakter setzen. Bis 2015 wurde es umfassend modernisiert und konzeptionell verändert. Die ursprünglichen „Expeditionen" wurden durch die drei Themenebenen „Technik, Mensch und Natur" ersetzt, neu hinzugekommen sind vor allem multimediale Exponate (Wiener Straße 2, Tel. 0421 334 60, www.universum-bremen.de; Mo.–Fr. 9.00–18.00, Sa. und So. 10.00–18.00 Uhr).
Der ⑫ **Rhododendronpark** bietet zur Blütezeit zwischen Ende April und Mitte Juni eine Farborgie. Mehr als 600 der weltweit 1000 existierenden Rhododendron-Wildarten und zudem 3000 Züchtungen wachsen im Park. Inmitten des Parks liegt die **Botanika** (Deliusweg 40, www.botanika-bremen.de; Mo.–Fr. 9.00–18.00, Sa., So. 10.00–18.00 Uhr, der Park ist jederzeit zugänglich) mit „Entdeckerzentrum", Gewächshäusern und Botanischem Garten.

**HOTEL**
Beim Universum nächtigt man stylish im **€ € / € 7Things** (Universitätsallee 4, 28359 Bremen, www.7things-hotel.de).

**UMGEBUNG**
Herrliche Radtouren entlang der Wümme macht man im Bremer Ortsteil **Blockland.** In den Gasthöfen werden deftige lokale Speisen serviert: Knipp mit Bratkartoffeln, in der Wintersaison Kohl und Pinkel. Beliebte Ausflugsziele sind das **Haus am Walde** (Kuhgrabenweg 2), der **Platzhirsch** (Kuhgrabenweg 30), die Traditionshäuser **Kuhsiel** (Oberblockland 2), **Dammsiel** (Niederblockland 32), **Gartelmann's** (Oberblockland 7), **Zur Schleuse** an der Wümme (Truperdeich 35, Lilienthal); siehe auch „Unsere Favoriten" S. 110/111.
**Knoops Park** (Urspr. um 1875, 65 ha) am Ufer der bei Vegesack in die Weser mündenden Lesum ist ein Ausflugsziel nicht nur für „Bremen-Norder". Legendär sind die dort stattfindenden Open-Air-Konzerte der Deutschen Kammerphilharmonie Bremen beim **Sommer in Lesmona** (www.lesmona.de).

Genießen Erleben Erfahren

DuMont Aktiv

# Alle auf den Fluss

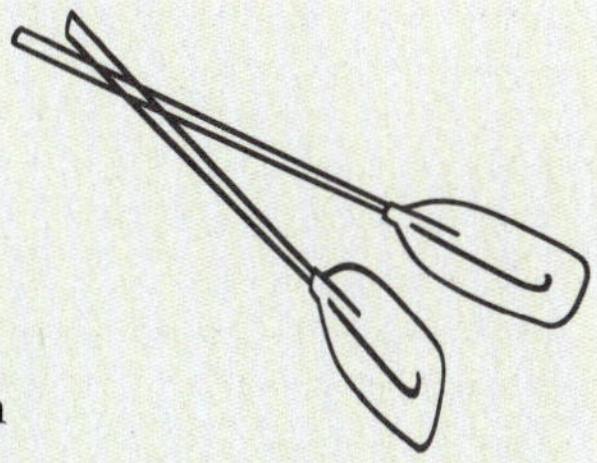

Wildwasserpassagen darf man auf einer Paddeltour rund um Bremen nicht erwarten. Wo sollten die auch entstehen in einer norddeutschen Bilderbuchlandschaft, die so flach wie ein Pfannkuchen daherkommt.

Das Paddelparadies rund um die Hansestadt ist die weitverzweigte Wümme, ein kleines, gemütlich dahinmäanderndes Flüsschen, das bei Wasserhorst gemeinsam mit der Hamme in die Lesum fließt. Während sich auf dem Wümmedeich Rennradfahrer und Tourenradler geradezu im Kriegszustand befinden, kann man vom Wasser aus ungestört die Idylle der Flusslandschaft mit seinem üppigen Schilfbestand genießen. Und bei einem Zwischenstopp am Ufer leckerste Bratkartoffeln essen. Vor allem aber lässt sich quasi mitten in der Stadt aufbrechen.

Einen Katzensprung vom Hauptbahnhof entfernt, steigt man am Torfhafen in Findorff ins Boot. Man sollte sich vorab infomieren: Ebbe und Flut spielen auf der Hamme bis zur Ritterhuder Schleuse und auf der Wümme bis in Höhe des Hexenbergs eine Rolle. Der Torfkanal und die Kleine Wümme bis Dammsiel sowie der Kuhgrabenweg bis Kuhsiel sind tidenunabhängig zu befahren. Und wenn man Glück hat, dann entdeckt man bei der Paddeltour auf der Wümme sogar eine Robbe auf Abwegen.

**Weitere Informationen**

**Allgemeines** zum Paddeln auf den Wasserstraßen in Bremen „und umzu" sowie zum Einfluss der Gezeiten erfährt man auf der Website des Landes-Kanu-Verbandes Bremen (www.kanu-bremen.de).
**Verleiher:** Bei der Kanuscheune (www.kanuscheune.de) kann man Boote leihen und geführte Touren buchen. Bootsverleiher am Findorffer Torfhafen über Tel. 0421 2 44 90 01 und 0176 80 25 17 16.

**Tidenkalender:** Den Tidenkalender gibt es auch als Smartphone-App (iOS, Android).

*Ein paar Paddelstiche nur, und schon lässt man die Großstadthektik hinter sich. Vor der Tour sollte man allerdings einen Blick in den Tidenkalender werfen.*

# Immer wieder auf die Beine gekommen

**Ist Bremerhaven schön? Nein, nicht wirklich. Es ist eine Hafenstadt, eine Industriestadt, in der seit jeher hart gearbeitet wurde. Aber Bremerhaven ist sehr interessant, schließlich ist es eine Stadt, die sich mehrfach neu erfunden hat – neu erfinden musste. Und sie besitzt mit den Havenwelten eine maritime Attraktion, die ihresgleichen in Europa sucht.**

Mit dem Klimahaus 8° Ost und dem Deutschen Auswandererhaus in den Havenwelten hat Bremerhaven eine touristische Erfolgsgeschichte geschrieben.

Hinter der „Seute Deern“ im Bremerhavener Museumshafen ragen die Bauten der Havenwelten und des Hotels „Sail City“ auf.

Bremerhaven ist gleichbedeutend mit handfester maritimer Küche, die sich passend im Schatten des Fischtrawlers „Gera“ genießen lässt. Die „Gera“ liegt als schwimmendes Hochseefischerei-Museum vor dem Schaufenster Fischereihafen.

Auch in Bremerhaven gibt es Matjestage. Dann steht der Fischereihafen ganz im Zeichen der silbernen Meereskostlichkeit.

Auch wenn es sich nicht danach anhört – die in Bremerhaven bekannte Rockband „Die Nematoden" machen ihrer Stadt eine Liebeserklärung. „Keiner mag dich, du bist hässlich", heißt es im Song „Mein Bremerhaven". Und: „Du hast lebenslang geschuftet, hast Dich mit Fisch und Schweiß gestählt." Oftmals warteten die Ehefrauen der Hafenarbeiter vergeblich auf die pünktliche Rückkehr ihrer Ehemänner. So manche Lohntüte wurde in der nächsten Hafenkneipe in Bier und Korn umgesetzt. Wenn es denn halbwegs anständig zuging. Bisweilen wurde das Geld auch in einem der Freudenhäuser „investiert".

## In manchem vorneweg

Bremerhaven ist eine junge Stadt. 1827 kaufte Bremens Bürgermeister Johann Smidt vom Königreich Hannover ein Areal zwischen Geeste und Wesermündung. Die Weser versandete zusehends, Bremen brauchte einen neuen „Haven". Eine gute Entscheidung, denn „Bremens Haven" entwickelte sich alsbald zu einem der wichtigen Industriestandorte Deutschlands. Die Kaiserschleuse war einst die größte weltweit, der Norddeutsche Lloyd die größte Reederei der Welt.

Heute kann Bremerhaven allerdings nur noch mit der größten seewassertiefen Kaje für den Container-Umschlag auftrumpfen. Nirgendwo in Europa werden mehr Autos verladen, bisweilen stehen Pkw mit einem Gesamtwert von knapp vier Milliarden Euro auf den riesigen Abstellflächen.

Die könnte die Stadt gut gebrauchen. Denn irgendwann starben die Werften, die Fischereiflotte schrumpfte, und die Seestadt hatte Superlative vorzuweisen, auf die man gern verzichtet: Spitzenreiter bei den Hartz-IV-Empfängern, in den späten 1990er-Jahren war fast jeder vierte Bremerhavener arbeitslos.

## Flaute auch Offshore

Die Häfen sind dennoch nach wie vor wichtigster Arbeitgeber, und mit der Offshore-Branche schien eine zukunfts-

Am Neuen Hafen steht Bremerhavens Auswandererhaus mit Blick auf so manchen Segler, der sich zur Überquerung des Großen Teichs fertig macht.

Schon das Foyer des Bremerhavener Klimahauses beeindruckt und macht neugierig darauf, was auf den Etagen bei der Reise durch die Kontinente zu erleben ist ...

Vor allem die Eisbärenjungen sind die Attraktion in Bremerhavens Zoo am Meer.

Bereit zur Einschiffung: Das Deutsche Auswandererhaus bietet Einblick in typische Schicksale.

trächtige und wachstumsstarke Sparte bereitzustehen. Bremerhaven sah sich als europäisches Zentrum der Offshore-Windenergieindustrie. Goldgräberstimmung herrschte, als man 2010 die Pläne für das Offshore-Terminal Bremerhaven (OTB) präsentierte. Zwei Jahre später stand fest, dass sich kein privater Investor finden ließ und das Land Bremen das rund 200 Millionen teure Projekt vorfinanzieren musste.

Im Mai 2016 gab das Verwaltungsgericht Bremen einer Klage des Umweltverbandes BUND in erster Instanz Recht und erließ einen vorläufigen Baustopp für das geplante Offshore-Terminal (OTB). Die Fertigstellung des umstrittenen Projekts verzögert sich damit weiter, steht damit eventuell sogar vor dem endgültigen Aus. Doch wie heißt es im Song „Mein Bremerhaven?“: „Nach Wolken kommt auch irgendwann das Licht.“

## Tor zur Neuen Welt

Bremerhaven könnte – blendet man die steife Brise, das Kreischen der Möwen und das Tuten der Schiffe mal aus – auch im Ruhrgebiet liegen. Die Stadt versprüht in ungefähr den Charme von Wanne-Eickel und so viel Glamour wie Bottrop, auch wenn die große weite Welt hier quasi vor der Haustür liegt. Denn jenseits der Havenwelten präsentiert sich „Fishtown“ nach wie vor doch eher trist.

„Hart, aber herzlich“, so kann man die Bremerhavener wohl am besten beschreiben. Und die Zahl der bekannten Söhne oder Töchter der Stadt ist überschaubar – der Schauspieler Heino Ferch, der Felsenpinguin „Kralli“, den man lange für ein Männchen hielt – bis er beziehungsweise sie ein Ei legte. Ach ja, und natürlich die Sängerin Lale Andersen, die einst mit dem Lied „Lili Marleen“ weltberühmt wurde.

Und dennoch sahen ganze Völkerscharen hier ihre Zukunft. Mehr als sieben Millionen Menschen brachen von Bremerhaven aus auf, um ihr Glück in der Neuen Welt zu suchen. So passt es gut, dass das Deutsche Auswandererhaus hier seinen Platz gefunden hat. Zu Beginn eines Rundgangs nimmt der Besucher die Identität eines Emigranten an. Das kann ein armer Schlucker sein, mit dem man Dreck, Flöhe, Lärm und schlechtes Essen teilt, aber auch ein Passagier aus der Ersten Klasse, der im noblen Speisesaal Champagner schlürft. Doch auch für sie hieß es noch einmal Zittern und Bangen. Manch einem, der alles aufgegeben hatte in der Heimat, verweigerten die Behörden auf Ellis Island die Einreise in die USA. „Insel der Tränen“ wurde das Eiland vor New York auch genannt. Und nicht selten werden im Auswandererhaus Besucher mit Tränen in den Augen gesichtet. So anschaulich präsentiert das Museum die bewegenden Schicksale von Menschen, deren Traum ein Traum blieb.

## Mal eben um die Erde

Das Klimahaus 8° Ost beherbergt im Inneren seiner futuristischen Hülle Museum, Science-Center und Erlebnispark zugleich. Die Garderobe kann man gleich links liegen lassen, die Reise um den Erdball entlang dem achten Längengrad bewältigt man am besten im Zwiebellook. Es wird nämlich brutal heiß in der Wüste des Niger, feucht und stickig im Regenwald Kameruns und saukalt in der Antarktis. Auch diese Ausstellung berührt, lässt den Besucher nachdenklich zurück ob der Aussichtslosigkeit bei den Inuit in Alaska. Oder auch wegen der immens hohen Selbstmordrate im scheinbar so paradiesischen Samoa.

Und sie amüsiert, wenn der Tuareg Ibrahim – in einem modernen SUV sitzend – erklärt, jeden Tag gehe doch über der Wüste eine neue Sonne auf, und da könne die Erde nur eine Scheibe sein. Vor allem aber macht die Ausstellung die Gefahren des Klimawandels anschaulich, ohne auch nur ansatzweise den pädagogischen Zeigefinger zu heben.

ZUKUNFTSINVESTITIONEN

# Alles im Fluss

*Bremens kleine Schwester Bremerhaven hat sich emanzipiert. Tourismus ist längst ein entscheidender Wirtschaftsfaktor für die Seestadt und von Bedeutung, um das Image des „Schmuddelkindes“ endgültig abzulegen.*

Bremerhaven war immer die kleine Schwester. Hübsche kleine Schwestern zeigt man gerne vor. Mit Bremerhaven war das so eine Sache. Fleißig war sie immer, Häfen und Fischfang gaben den Menschen Arbeit. Aber hübsch? Nun ja.

Im Zweiten Weltkrieg ist hier reichlich kaputtgegangen. Historische Gassen, schmucke Fassaden und lauschige Plätze sucht man vergebens. Und als die Werften starben, die Fischfangindustrie massenhaft Arbeitsplätze abbaute, da stank es zwar nicht mehr so nach Fisch, aber nach der Wende musste Bremerhaven häufig als Beispiel dafür herhalten, dass westdeutsche Städte noch maroder sein können als Städte im Osten der Republik.

Bremerhaven blieb nur der Tourismus. Bereits in der 1990er-Jahren planten Investoren den Ocean Park. Er galt als Schwester-Projekt des Space Park in Bremen, der sich schließlich als Milliardengrab entpuppte. Gegen den Ocean Park formierte sich massiver Widerstand, die Pläne verschwanden in der Schublade. In der obersten wohlgemerkt, denn alsbald begann die Planung der Havenwelten auf demselben Gelände zwischen Altem und Neuem Hafen. Einst prägte ein staubiger Schotterparkplatz das Areal in bester Lage hinter dem Seedeich. Ein städtebauliches Filet-Stück, das sozusagen nur darauf wartete, erstklassig zubereitet serviert zu werden.

### Geklotzt und nicht gekleckert

Bremerhaven hat schließlich mit einem Investitionsvolumen von rund 315 Millionen Euro geklotzt und nicht gekleckert. Und hat mit der maritimen Meile inklusive der innovativen und visionären Museen Erfolgsgeschichte geschrieben.

Eine Studie bescheinigt Bremerhaven ein deutlich verbessertes Image, die Seestadt wird als eigenständig und nicht mehr als Anhängsel Bremens wahrgenommen. Gäste fühlen sich wohl hier. Dumm nur, dass es von Jahr zu Jahr weniger werden. Bremerhaven reagierte: Ziel war es unter anderem, die Besucher durch neue oder überarbeitete Museumskonzepte und durch Sonderausstellungen an die Wesermündung zu locken. 2012 eröffnete im Auswandererhaus der Anbau zum Thema Einwanderung. Das Aquarium kehrte 2013 nach neun Jahren wieder zurück in den Zoo am Meer. Man denkt darüber nach, die überdimensionierte Columbusstraße zurückzubauen und Teile der „Stadtautobahn“ als Flaniermeile zu nutzen. Die Verbindung zwischen Innenstadt und Havenwelten soll verschönert werden. Das in die Jahre gekommene Schifffahrtsmuseum wird aufwendig saniert. Kurzum: Alles ist im Fluss in Bremerhaven.

Ein Blick unter die Wasserlinie in Bremerhavens Aquarien (oben). Zu Klimahaus und Hotel „Sail City“ (links oben, ganz oben) geht es über die historische Klappbrücke an der Keilstraße (links unten).

**Jammern hilft nicht. Es wurde in Bremerhaven gewaltig angepackt und in die Zukunft investiert.**

Maßstab 1:220.000
0 2 4km
1
2
3
Bad Bederkesa
GEESTLAND
Langen
BREMERHAVEN
Schiffdorf
NORDEN-
HAM
Weser
Loxstedt
Lunestedt
Beverstedt
Gnarren-
burg
Axstedt
Hagen
im Bremischen
Ovelgönne
BRAKE
(Unterweser)
Hambergen
Vollersode
ELSFLETH
Schwanewede
OSTERHOLZ-
SCHARMBECK
Worpswede
Ritterhude
Grasberg
Lilienthal
Berne
Lemwerder
BREMEN
Hude
(Oldenburg)

# Maritimer Vorposten im Wandel

*Bremerhaven ist Boomtown und Armenhaus zugleich. Als die traditionellen Werften starben, machte es sich als Stadt der Wissenschaften einen Namen und setzte verstärkt auf den Tourismus. Nur einen Katzensprung außerhalb blieb es ländlich. Zwischen Moor, Geest und Wäldern spüren Radler einen noch sehr regionalen Wind.*

## 1 Bad Bederkesa

Das Moorheilbad hat seinen Ursprung in einem mittelalterlichen Rittersitz, der zu Beginn des 16. Jh. unter bremischen Einfluss kam. Die eigene Gerichtshoheit dokumentiert seit 1602 die Brunnenfigur Roland im Burghof. 2015 fusionierten die Samtgemeinde Bad Bederkesa, die Stadt Langen im Norden Bremerhavens und einige Ortschaften zur Stadt Geestland.

**SEHENSWERT**
Die in den 1970er-Jahren teilweise rekonstruierte **Burg** stammt aus dem 16. Jh., wurde später aber immer wieder umgestaltet. Sie zeigt als **Museum Burg Bederkesa** Funde zur Archäologie und Kulturgeschichte dieser Küstenregion (Amtsstraße 17, Tel. 04745 73 02, www.burg-bederkesa.de; Mai–Sept. Di.–So. 10.00–18.00, sonst Di.–So. 10.00–17.00 Uhr).

**AKTIVITÄTEN**
Die **Moor-Therme** (Berghorn 13, Tel. 04745 9 43 30, www.moor-therme.de) ist nicht nur eine Kureinrichtung, sondern auch Wellnessoase und Spaßbad. Eine Museumsbahn fährt zwischen Mai und Anf. Okt. an vielen So. und Fei. Sie legt die 17,6 km nach Bremerhaven im Stil der 1950er-Jahre und mit Tempo 40 zurück (Bahnhofstraße 18, Tel. 04745 71 69, www.museumsbahn-bremerhaven-bederkesa.de).

Tipp

### Hafen hautnah

Lange war der Besuch der Überseehäfen für „Normalsterbliche“ kaum zu verwirklichen. Aus Sicherheitsgründen war das Gelände um das Container-Terminal und das Auto-Terminal absolutes Sperrgebiet. Doch seit einiger Zeit können Bremerhaven-Gäste in einer gut zweistündigen Tour einen Blick in die „verbotene“ Stadt werfen und den Bereich mit dem HafenBus erkunden.

**WEITERE INFORMATIONEN**
www.bremerhaven.de/hafenbus

*Von der Flussinsel Harriersand ist das Hafenpanorama zu bewundern, archäologische Schätze befinden sich in der Burg Bederkesa.*

**HOTEL UND RESTAURANT**
Unter dem Motto „Ankommen, durchatmen, auftanken“ verwöhnt der **€ € € Bösehof** seine Gäste (Hauptmann-Böse-Straße 19, 27624 Geestland, Tel. 04745 94 80, www.boesehof.de).

**INFORMATION**
Tourist-Information Geestland (in der Moor-Therme), Berghorn 13, 27624 Geestland, Tel. 04745 943 35, www.geestland.eu

## 2 Bremerhaven

Die Seestadt Bremerhaven (ca. 119 000 Einw.) ist der maritime Vorposten Bremens und Teil des Bundeslandes Bremen. Die ehem. Kirchdörfer und heutigen Stadtteile Lehe und Wulsdorf wurden bereits im frühen Mittelalter erwähnt. Die Seestadt ist aufgrund der hohen Arbeitslosigkeit inzwischen allerdings das Sorgenkind im Land Bremen. Seit Jahren setzt Bremerhaven verstärkt auf den Tourismus. Dennoch sind die Häfen mit den Betrieben der Fisch verarbeitenden Industrie, dem Autoterminal, der Offshore-Branche und der weltweit größten seewassertiefen Kaje für den Containerumschlag auch weiterhin wichtigster Wirtschaftsfaktor. Im Jahr 2005 durfte sich Bremerhaven, unter anderem Sitz des Alfred-Wegener-Instituts für Polar- und Meeresforschung, als erste deutsche Stadt (gemeinsam mit Bremen) „Stadt der Wissenschaften“ nennen.
Fast alle touristischen Höhepunkte befinden sich fußläufig in den **Havenwelten TOPZIEL** im Neuen und Alten Hafen. Eine futuristische Brücke verbindet das Klimahaus mit dem Columbus Center, einem 1977 eingeweihten Hochhaus-Komplex, den man wahrlich nicht als städtebauliches Kunstwerk bezeichnen kann und der dennoch längst ein Wahrzeichen der Stadt ist. Das Deutsche Schifffahrtsmuseum steht seit 2005 unter Denkmalschutz. Maritime Atmosphäre genießen die Besucher

des Schaufenster Fischereihafen: Neben einem Meerwasseraquarium und einem Seefischkochstudio locken vor allem zahlreiche Kneipen und Restaurants die Besucher.

## MUSEEN

Im **Deutschen Auswandererhaus** schlüpft man während des Rundgangs in die Rolle eines Emigranten (Columbusstraße 65, Tel. 0471 90 22 00, www.dah-bremerhaven.de; März–Okt. tgl. 10.00–18.00, sonst tgl. 10.00 bis 17.00 Uhr).
Das **Deutsche Schifffahrtsmuseum** präsentiert 2000 Jahre Schifffahrtsgeschichte und im Museumshafen u. a. mit der Bark „Seute Deern" (1919) den größten aus Holz gebauten Frachtsegler weltweit. Es entsteht so ein guter Eindruck von der deutschen Schifffahrt – von der Handelsmarine bis zu den Walfängern, vom industriellen Schiffbau und von der Navigation im Wandel der Zeit (Hans-Scharoun-Platz 1, www.dsm.museum; März–Okt. tgl. 10.00–18.00, sonst Di.–So. 10.00–18.00 Uhr).
Das **Historische Museum** gibt Einblicke in das Alltags- und Arbeitsleben der Bremerhavener von „anno dazumal" bis heute (An der Geeste, Tel. 0471 30 81 60, www.historisches-museum-bremerhaven.de; Di.–So. 10.00–17.00 Uhr). Das **Museum der 50er Jahre** lässt die Ära des Wirtschaftswunders wieder aufleben

*Das Deutsche Schifffahrtsmuseum widmet sich der Schifffahrtsgeschichte, das Seefischkochstudio schmackhaften Wasserbewohnern.*

(Amerikaring 9, Tel. 0471 833 05, www.museum-der-50er-jahre.de; So. 11.00–17.00 Uhr). Im **Kunstmuseum Bremerhaven** (Karlsburg 1, www.kunstverein-bremerhaven.de) werden überwiegend Werke zeitgenössischer Künstler präsentiert, darunter sind Stephan Balkenhol, Karin Kneffel und Alicja Kwade. In der **Kunsthalle** (Karlsburg 4) sind wechselnde Ausstellungen zu sehen.

## ERLEBEN

Im **Klimahaus 8° Ost** begeben sich Besucher auf eine Weltreise entlang dem östlichen achten Längengrad. Die Reise führt durch unterschiedliche Klimazonen, unter anderem in die Schweiz, nach Sardinien, in den Niger, nach Samoa und über die Hallig Langeneß wieder zurück nach Bremerhaven. Weitere Ausstellungsbereiche der Wissens- und Erlebniswelt Klimahaus sind den Themen Elemente, Perspektiven und Chancen gewidmet (Am Längengrad 8, www.klimahaus-bremerhaven.de; April–Aug. Mo.–Fr. 9.00–19.00, Sa. und So. 10.00–19.00, sonst tgl. 10.00–18.00 Uhr).
Das **Schaufenster Fischereihafen** (An der Packhalle IV, www.schaufenster-fischereihafen.de) ist eine maritime Erlebniswelt in den ehem. Packhallen. Zu dem Ensemble gehört u. a. das **Seefischkochstudio,** in dem Profiköche Besuchern in einer unterhaltsamen Kochshow die Zubereitung von schmackhaften Fischgerichten beibringen; anschließend dürfen die Teilnehmer die Gerichte verköstigen (www.seefischkochstudio.de). In der Experimentierausstellung **Phänomenta** heißt es ausdrücklich: Anfassen erlaubt. In den Räumen einer ehemaligen Gewürzmühle werden Natur und Technik im wahrsten Sinn des Wortes begreifbar gemacht (Höbelstraße 24, www.phaenomenta-bremerhaven.de; tgl. 10.00–18.00 Uhr).
Der **Zoo am Meer** samt Nordsee-Aquarium legt den Schwerpunkt auf Tiere, die in und am Meer leben (Hermann-Henrich-Meier-Straße 7, www.zoo-am-meer-bremerhaven.de; April bis Sept. tgl. 9.00–19.00, März und Okt. 9.00–18.00, sonst 9.00–16.30 Uhr).
Eine **Hafenrundfahrt** bietet einen Einblick in die gigantischen Bremerhavener Hafenanlagen vom Wasser aus (Tel. 0471 41 58 50, www.hafenrundfahrt-bremerhaven.de; Abfahrt an der Tourist-Information Hafeninsel).

## PARKS UND GÄRTEN

**Thieles Garten** ist eine grüne Oase im sonst oft so grauen Bremerhaven. In der Parkanlage in Leherheide grünen heimische und exotische Pflanzen und überraschen zahlreiche Skulpturen. Die Brüder Thiele, Fotografen, Maler und Bildhauer, haben den Garten ab 1923 auf einem Kartoffelacker angelegt (Leherheide, Mecklenburger Weg 100, www.thieles-garten.de; Sommer Di.–So. 10.00–20.00, sonst Di.–So. 10.00 Uhr bis Einbruch der Dunkelheit).

## HOTELS UND RESTAURANTS

Spötter bezeichnen das **€ € € / € € Atlantic Hotel Sail City** als „Burj al Arab für Arme". Das Vier-Sterne-Hotel direkt am Weserdeich ist das erste Hotel am Platz und mit 147 m Höhe das höchste Gebäude der Stadt. Von der Besucherterrasse (Eintritt) in der 20. Etage genießt man einen fantastischen Panoramablick (Am Strom 1, 27568 Bremerhaven, www.atlantic-hotels.de). In maritimer Umgebung übernachtet man im **€ € im-jaich boardinghouse** (Am Leuchtturm 1, 27568 Bremerhaven, www.im-jaich.de) und im **€ € im-jaich hotel bremerhaven** (Am Neuen Hafen 19, 27568 Bremerhaven, www.im-jaich.de).
Kulinarisches Aushängeschild Bremerhavens ist das **€ € € € Fischrestaurant Natusch;** besonders zu empfehlen ist das skandinavische Buffet Smörgåsbord (Am Fischbahnhof 1, www.natusch.de; Fr. ab 18.00 Uhr). Ein besonderes Erlebnis bietet das Restaurant auf der **€ € Seute Deern** im Museumshafen mit seiner norddeutsch-maritimen Karte (Hans-Scharoun-Platz 1, www.seutedeern.de). Hart, aber herzlich geht es in der **€ Fischbratküche Höpker** zu, wo seit 1926 frische und vor allem günstige Fischgerichte auf den Teller kommen

Tipp

### Ganz allein

Der 1885 erstmals blinkende Leuchtturm Roter Sand in der Außenweser ist zwar nicht mehr in Betrieb, dennoch eines der Wahrzeichen Bremerhavens. War er doch das erste Bauwerk weltweit, das komplett auf dem Grund des Meeres errichtet wurde. 2010 wurde er als „Historisches Wahrzeichen der Ingenieurskunst" ausgezeichnet. Inzwischen kann er besichtigt werden.

**WEITERE INFORMATIONEN**
www.foerderverein-leuchtturm-roter-sand.de
Anmeldungen zu den Fahrten:
INNOVEN Marine Service, Westkai 34, 27572 Bremerhaven, Tel. 0471 9 58 45 090, info@innoven.de

(Bismarckstraße 34). Touristen und Hafenarbeiter sitzen im € **Treffpunkt Kaiserhafen** beieinander; das urige Lokal bezeichnet sich als „letzte Kneipe vor New York" (Franziusstraße 92, www.treffpunktkaiserhafen.de). Regionale Gerichte kredenzt das vom 2016 verstorbenen „Gastro-Papst" Wolfram Siebeck empfohlene Restaurant **Alte Luneschleuse** (Alte Luneschleuse 9, www.alte-luneschleuse.de).

### EINKAUFEN

Das **Columbus Shopping Center** bietet eine umfangreiche Palette Einzelhandelsgeschäfte (Obere Bürger 127, www.columbus-center.de; Mo.–Sa. 10.00–19.00 Uhr). Lange Zeit umstritten war die in mediterranem Stil gestaltete Shopping-Mall **Mediterraneo** (Am Längengrad 12, www.das-mediterraneo.com; Mo.–Sa.).

### VERANSTALTUNGEN

Zu Pfingsten knattern Motorräder beim **Fischereihafen-Rennen** (s. Unsere Favoriten, S. 23). Im Juni wird das Festival **Rund um die Geeste** gefeiert. Ebenfalls im Juni findet die **Lange Nacht der Kultur** statt mit Musik, Theater und Kleinkunst (www.lange-nacht-bremerhaven.de), im Juli dann das **SeeStadt-Fest** (s. Favoriten S. 22). Alle fünf Jahre sammeln sich im Sommer zur **Sail Bremerhaven** TOPZIEL Europas historische Windjammer in der Wesermündung (nächster Termin: 2020, www.sail-bremerhaven.de).
Rund um das Schaufenster Fischereihafen ist den ganzen Sommer etwas los: von den **Bremerhavener Matjestagen** über den **Bremerhavener Musiksommer** bis hin zur großen **FischParty** (www.schaufenster-fischereihafen.de).

### INFORMATION

Tourist-Information Hafeninsel,
H.-H.-Meier-Straße 6, 27568 Bremerhaven,
Tel. 0471 80 93 61 20, www.bremerhaven.de

## 3 Hagen

Als Amt beziehungsweise zeitweilige Residenz der Erzbischöfe von Bremen teilte Hagen (11 000 Einw.) im Bremischen über Jahrhunderte die Geschicke des Erzbistums, ab dem Ende des Dreißigjährigen Kriegs die des regionalen Herzogtums Bremen.

### SEHENSWERT

Die **Burg zu Hagen** ist ein schlichter Backsteinbau mit Ursprung im 13. Jh. (Neubau um 1505), der heute als Kulturzentrum des Kreises dient (www.burg-zu-hagen.de).

### UMGEBUNG

Die Flussinsel **Harriersand** ist mit rund 11 km Länge eine der längsten Flussinseln Europas. Ihre Sandstrände sind als Ausflugsziel und Badeplatz geschätzt. Mit Claus und Birgit Hartmann leben und arbeiten auf Harriersand zwei der letzten Schiffsbildhauer weltweit, die sich auf das Schnitzen von Galionsfiguren spezialisiert haben.



Genießen Erleben Erfahren

DuMont Aktiv

# Mercedes für die Nordsee

„Leinen los", heißt es in den Sommermonaten in Bremerhaven. Gleich mehrere historische Großsegler brechen zu Tages- und Mehrtagestörns auf Weser und Nordsee auf.

Einen Mercedes zu fahren, mag ja eine komfortable Angelegenheit sein. Aber was ist das schon im Vergleich dazu, auf der „Mercedes" zu segeln? Einige Stunden zum Leichtmatrosen zu werden oder die Weite des Meeres auf einem historischen Segelschiff zu genießen. Sich die frische Nordseebrise um die Nase wehen zu lassen, das Knattern der Segel im Ohr und das Geschrei der Möwen.

Die Brigg mit dem schönen spanischen Mädchennamen ist nur einer von zahlreichen Großseglern, die in den Sommermonaten von Bremerhaven aus starten. Der rahgetakelte, überaus imposante Zweimaster kommt auf eine Länge von 50 Metern über alles – bei einer Masthöhe von 35 Metern – und macht unter vollen Segeln immerhin 16 Knoten Fahrt. Bei idealen Bedingungen werden insgesamt 18 Segel mit einer Segelfläche von knapp über 900 Quadratmetern gesetzt. Wohin genau die Reise führt, das entscheidet sich vor jedem Törn aufs Neue, schließlich begibt man sich ab Bremerhaven auf eine Tour „Wenn der Wind den Kurs bestimmt".

### Weitere Informationen

**Törns mit der „Mercedes":** Sie dauern 4 Stunden und kosten ab 56 Euro. Einschiffung ist jeweils eine halbe Stunde vor dem Ablegen. Die Termine findet man auf der Internetseite www.bremerhaven.de unter den Stichworten „Reiseangebote" und „Schiffstörns". Siehe auch: www.segelschiff-mercedes.de.

**Weitere Törns:** Außerdem werden Tagestörns, aber auch Mehrtagestörns auf der „Großherzogin Elisabeth", der „Esprit" oder auf der „Alexander von Humboldt II" angeboten. Infos unter www.bremerhaven.de (Links „Tourismus/Reiseangebote/Schifftörns")

# Logenplätze an der Nordsee

**Es ist dasselbe Meer, und dennoch zeigt sich seine Küste ganz unterschiedlich – vom Grünstrand Wurstens über das sandige Ufer vor Cuxhaven, an dem riesige Containerschiffe und luxuriöse Kreuzfahrer auf dem Weg von und nach Hamburg vorbeiziehen, bis zu Deutschlands einziger Hochseeinsel Helgoland.**

Bei Flut brettern sie durch die Nordseewellen, bei Ebbe machen die Kitesurfer wieder ihre Leinen klar: Cuxhaven.

Der Krabbenfang ernährt nur noch mühsam seinen Fischer. Die kleinen Wattgarnelen wie hier in Spieka-Neufeld frisch vom Kutter zu kaufen, gehört zu jedem Nordseeurlaub.

Das Leben an der Küste richtet sich nach den Gezeiten.
Ist das Wasser „weg", ist an Auslaufen nicht zu denken.

Vom Schäferwagen aus wacht er über seine Herde, der Strandkorbvermieter mit seinen Strandmöbeln, die aus keinem Nordseeurlaub wegzudenken sind.

Costa Granata nennt sich die grüne Küste zwischen Watt und Autobahn – naheliegend, heißen die Krabben hier doch Granat.

Was eint die gesamte deutsche Nordseeküste zwischen Emsmündung und Sylt? Das Krabbenpulen. Darüber aber, wo es die besten Krabben gibt, lässt sich trefflich streiten. Mit in der Verlosung ist fast immer die Wurster Nordseeküste.

Das Pulen war von jeher eine elende Fingerübung. Bekanntlich wird inzwischen ein Großteil der Tierchen in Billiglohnländer kutschiert und fertig gepult zurücktransportiert. Die Versuche, die Nordsee-Garnelen maschinell zu pulen, scheint dagegen eher eine Geschichte des Scheiterns zu sein. Die Crux bei der maschinellen Verarbeitung ist nämlich die unterschiedliche Größe der männlichen und weiblichen kleinen Wattbewohner. Krabbenfischer Alwin Kocken aus Spieka-Neufeld hat 14 Jahre lang getüftelt, bis ihn das Ergebnis 1986 halbwegs zufriedenstellte. Seither wurden in seinem Betrieb mehr als 1000 Tonnen „Granat" entschält. Sein Vorteil: Die Meerestiere werden nicht durch die Weltgeschichte transportiert, sondern kommen fangfrisch auf den Teller oder zwischen zwei Brötchenhälften.

### Hamburgs Außenposten

Trutzig ragt er seit mehr als 700 Jahren in den Himmel, der Leuchtturm von Neuwerk. 1299 bat Hamburg den Herzog von Sachsen, auf der damals unbewohnten Insel einen Wehrturm errichten zu dürfen, um die Elbmündung gegen Piraten zu sichern. Die Sachsen gaben ihr Einverständnis, elf Jahre später war das 39 Meter hohe Bollwerk fertig – und ist damit das älteste Gebäude Hamburgs, denn die Insel gehört politisch zum Hamburger Bezirk Mitte.

Was für die Tagesgäste und ihren Treffpunkt, den Inselkaufmann im Schatten des Turms, ohne Belang ist. „Was wir nicht haben, brauchen Sie auch nicht", ist auf einem Schild zu lesen. Die blinkenden Mini-Leuchttürme und die kleinen Plastik-Seemänner mit Wackelköpfen sind nicht gerade ein Verkaufsschlager, Bier und Bockwurst gehen besser. Neuwerk hat viele treue Freunde, die mit der Nordseeluft auch die besondere Atmosphäre der Insel aufsaugen wollen.

Hier kann man die Seele baumeln lassen. Die Älteren machen das bei Kaffee und Kuchen, das Jungvolk chillt an den Deichen. Langweilig wird das nie, denn die Nordsee verändert im Laufe der Gezeiten ständig ihr Gesicht. Wer so viel Müßiggang nicht aushält, der macht sich auf zu einer Inselumrundung, was nach knapp einer Stunde allerdings auch erledigt wäre. Mit Glück kann man Seehunde beobachten. Mit ein wenig Pech – oder eben noch mehr Glück – verpasst

Cuxhaven bietet jedem Raum: Sahlenburg ist der Strand der Kitesurfer, Duhnen der der zukünftigen Strandkunstbauer.

So manche Feier wird ans Meer verlegt, wo man im Strandkorb windgeschützt sein Picknick genießen kann.

Höhepunkt im Cuxhavener Jahreslauf sind die Wattrennen in Duhnen.

man die letzte Fahrgelegenheit zum Festland. Denn nur eins toppt einen Tagesausflug: auf Neuwerk zu übernachten. Am besten im Leuchtturm, einst den Senatoren Hamburgs vorbehalten.

### Alte Liebe, dicke Pötte

Nirgendwo sonst kommt man dicken Pötten und den Traumschiffen so nah wie an der „Alten Liebe", dem historischen Anleger in Cuxhaven mit seiner hölzernen Aussichtsplattform. 1733 wurde er als Schutz gegen die Nordseefluten errichtet, drei Schiffswracks wurden dazu mit Steinen befüllt, versenkt und mit Pfählen befestigt. Das Bollwerk erhielt später den Namen „Alte Liebe". Wie Cuxhavens Touristenmagnet zu diesem Namen kam, ist allerdings umstritten. Die einen sagen, dass eins der drei Schiffe auf den Namen „Die Liebe" getauft war. Die am authentischsten klingende Variante lautet: Eines der Schiffe habe „Olivia" geheißen – auf Plattdeutsch „Ol Liev", und ins Hochdeutsche zurückübersetzt wurde daraus eben „Alte Liebe".

### Schnapsidee oder Vision

Am Neujahrstag 1721 erwies sich die tosende Nordsee als zu mächtig. Meterhohe Wellen zerteilten Helgoland. Vor einigen Jahren wäre es beinahe zur Wiedervereinigung gekommen, und dann hätte man auf Deutschlands einziger Hochseeinsel sogar Golf spielen können. Ein Green sollte nämlich genauso entstehen wie Luxushotels, wären die Pläne des Investors Arne Weber in die Tat umgesetzt worden. Was 2008 zunächst wie eine Schnapsidee klang, entpuppte sich als kühne Vision, den lahmenden Tourismus auf dem „Fuselfelsen" anzukurbeln. Sein Plan sah vor, eine rund einen Kilometer lange Spundwand zu errichten, die Meeresenge mit Sand aufzufüllen und so Düne und Hauptinsel wieder zu vereinen. Weber, Kind einer waschechten Helgoländerin, plante kein Disneyland in der Nordsee. Seine Vision sah Umweltschutzmaßnahmen, den Bau von

Auch Basstölpel brüten in den Vogelfelsen Helgolands (oben links). Die Lange Anna ist das Wahrzeichen der Hochseeinsel; immer wieder ist der von Brutvögeln besiedelte Brandungsfelsen vom Abbruch bedroht (oben rechts). Die Hummerbuden, einst Wohn- und Werkstätten der Helgoländer Fischer, wurden in den 1990er-Jahren umgewidmet und beherbergen heute Gastronomie, Kunstgalerien und Souvenirläden (unten links). Von den auf Reede liegenden Bäderschiffen werden die Ausflügler nach wie vor mit den traditionellen Börtebooten an Land gebracht (unten rechts).

Windrädern, eines Gezeitenkraftwerks und Fotovoltaik-Anlagen vor. Mitte 2010 jedoch schmetterte die Politik die Pläne ab, und auch die Helgoländer stimmten mehrheitlich dagegen. Dennoch hat sich einiges getan auf der Insel: Die neue Erlebnispromenade wurde fertiggestellt, ein Welcome Center empfängt die Gäste, und die neue, komfortable und komplett barrierefreie „MS Helgoland", seit Herbst 2015 im Dienst, hat im Gegensatz zu den anderen Bäderschiffen einen festen Liegeplatz im Helgoländer Hafen.

Special

Der Lummensprung

## Tollkühne Trottel

**Eine der Attraktionen Helgolands ist der sogenannte Lummensprung. Mehr als 2000 Exemplare der Trottellummen brüten alljährlich in den Helgoländer Klippen.**

Beim Lummensprung Mitte bis Ende Juni stürzen sich die rund drei Wochen alten Küken tollkühn bis zu 50 Meter in die Tiefe. Die noch flugunfähigen „Trottel" kommen aufgrund ihrer besonderen Ausstattung wohlbehalten unten an und werden dort gleich von ihren Eltern umsorgt. Aber warum bloß wagen die Kleinen diesen atemberaubenden Stunt? Lummen sind zwar erstklassige Schwimmer, in der Luft jedoch eher Bruchpiloten. Insofern ist der zunehmende Appetit der Jungen in der Brutkolonie schwer zu befriedigen. Geschlechtsreif, suchen die Trottellummen dann wieder die Helgoländer Felsen auf.

NATIONALPARK WATTENMEER

# Weder Land noch Meer

*Im Jahr 2009 wurde das Wattenmeer der Nordsee zum UNESCO-Weltnaturerbe ernannt – mit Ausnahme des Hamburgischen Wattenmeers. Nicht etwa weil es den Anforderungen nicht genügte, sondern weil der Hamburger Senat einen Rückzieher gemacht hatte. Zwei Jahre später wurde auch das zu Hamburg zählende Territorium rund um die Insel Neuwerk in die Welterbeliste aufgenommen.*

Hamburg nennt sich selbst gern das Tor zur Welt. Aber vor der Ernennung des Wattenmeeres zum UNESCO-Weltnaturerbe im Juni 2009 hatten sich die Hamburger selbst die Tür beziehungsweise das Tor zugeschlagen. Der Senat der Hansestadt war bereits 2008 aus den Planungen ausgestiegen, weil er befürchtete, die UNESCO würde sich bei der geplanten Elbvertiefung querlegen. Und Ärger hatten die Hamburger schon genug. Während Politik und Wirtschaft darauf pochten, um Arbeitsplätze am Standort Hamburg zu sichern, gingen Tausende Elbanrainer und Nordseebewohner auf die Straße beziehungsweise auf den Deich, um gegen die ökologischen Gefahren der Baggerei zu protestieren.

Im Jahr 2011 wurde die Lücke dann doch noch geschlossen. Die UNESCO hatte signalisiert, sie würde die Elbvertiefung dulden. Ihre Jury nannte das Wattenmeer „eine überragende Naturerscheinung von außergewöhnlicher Naturschönheit und ästhetischer Bedeutung". Und man darf ihr unterstellen, dass sie weiß, wovon sie redet. Dem gemeinen Nordseeurlauber erschließt sich das vielleicht nicht sofort. Eigentlich will er doch baden, doch stattdessen findet er bei Ebbe stundenlang eine scheinbar end- und leblose Ödnis vor, grauen Schlick, langweilig und nichtssagend auf den ersten Blick. Wer jedoch genauer hinschaut, erblickt ein ereignisreiches Ökosystem, Kinderstube und Lebensraum für Tausende hoch spezialisierter Pflanzen- und Tierarten.

### Überlebenskünstler im Watt …

Hoch spezialisiert deshalb, weil sie sich an die extremen Lebensbedingungen anpassen mussten. Denn schließlich ist das Wattenmeer weder Land noch Meer – sondern beides zugleich. Anders ausgedrückt: Der gemeine Wattbewohner wird, wenn man so will, zweimal am Tag in einer Waschmaschine durchgeschleudert und anschließend in den Trockner gesteckt – Sommersonne einmal vorausgesetzt.

Perfektioniert hat die Wattschnecke ihren Alltag im Wechsel der Gezeiten. Über 50 000 Exemplare bevölkern bisweilen einen einzigen Kubikmeter Watt. Weil sie nicht wirklich gut zu Fuß sind, heften sich die Wattschnecken bei Flut kopfüber an die Wasseroberfläche, lassen sich treiben und bilden ein Schleimband, an dem ihre Nahrung kleben bleibt. Bei Ebbe sinken sie auf den Meeresboden ab, wo sie ihr Festmahl fortsetzen.

### … und echte Spezialisten

Weitaus präsenter für die Besucher sind natürlich die zahlreichen Vögel, die das Wattenmeer mitsamt seinen Salzwiesen als Rastplatz oder auch als

Bequem lässt sich das Hamburgische Wattenmeer bei Neuwerk mit dem Wattwagen durchqueren (oben). Die Kegelrobben ruhen auf ihrer Sandbank (unten). In den Prielen läuft die See auf oder ab (links).

**Das Wattenmeer der Nordsee erstreckt sich zwischen Blåvandshuk in Dänemark und dem niederländischen Den Helder.**

Eindeichungen sind ein Problem für das Wattenmeer, weil dann der uneingeschränkte Wasseraustausch nicht mehr gewährleistet ist. Deiche sind andererseits unverzichtbar – Cuxhaven (oben) oder Neuwerk (unten) könnten ohne diesen Schutz nicht existieren.

Brutstätte nutzen. Auch unter ihnen gibt es echte Spezialisten: Die Pfeifente ist unter den rund 9000 bekannten Vogelarten der Welt der Vielfraß schlechthin. Bis zu 15 Stunden täglich verbringt sie mit Fressen. Nun ist es im Wattenmeer fast nie so lange hell; also hat die Natur den kleinen Nimmersatt mit einer besonderen Gabe ausgestattet: Er kann selbst bei absoluter Dunkelheit noch sehen und so auch nachts auf Nahrungssuche gehen, weil die Rückseite seiner Augen einfallendes Licht reflektiert. Seine Augen leuchten deshalb auch des Nachts wie die einer Katze.

Die Stars im Watt sind aber zweifelsohne die Seehunde und die Kegelrobben, die man mit ein wenig Glück dabei beobachten kann, wie sie auf den Sandbänken in der Nordsee ein Sonnenbad nehmen. Die Population hat sich seit den verheerenden Seehundstaupe-Epidemien in den Jahren 1988 und 2002 gottlob wieder stabilisiert.

### Nachhilfe für die Brüter

Das gesamte Areal des Weltnaturerbes Wattenmeer vor der deutschen und der niederländischen Nordseeküste umfasst eine Fläche von 4700 Quadratkilometern. Der Teil des Hamburgischen Wattenmeeres macht gerade einmal 1,4 Prozent der Fläche aus. Und zumindest bei den Inseln wurde auch noch „geschummelt". Denn Nigehörn ist ein künstliches Eiland, aufgeschüttet 1989 von gigantischen Saugbaggern aus mehr als einer Million Kubikmeter Sand.

Die Buddelei machte durchaus Sinn, denn die Nachbarinsel Scharhörn schrumpfte, und so gingen wertvolle Brutflächen für Brandgänse, Eiderenten und seltene Seeschwalben verloren. Während auf Nigehörn gilt „Betreten strengstens verboten", kann die Nachbarinsel Scharhörn bei geführten Touren besichtigt werden.

## Informationen

Nähere Informationen zu vogelkundlichen Führungen unter www.nationalpark-wattenmeer.de

**Weitere Anbieter:**
Der Verein Jordsand bietet vogelkundliche Führungen auf Scharhörn an. Anmeldung bzw. Informationen erhält man direkt beim Vogelwart: Tel. 04721 2 85 84 oder im Nationalpark-Haus Neuwerk: Tel. 04721 39 53 49.

Wattenmeer-Besucherzentrum Cuxhaven,
Nordheimstraße 200, 27476 Cuxhaven,
Tel. 04721 5 90 56 10, www.wattbz.cuxhaven.de

Auf ewigem Kollisionskurs:
Wattenmeer als Wirtschaftsraum und Naturschutz – hier ein Krabbenkutter vor dem Sand Mellum-Plate und der von einem kleinen Leuchtturm gesicherte Wasserweg nach Wremen

Maßstab 1:220.000
0 2 4 km
Deutsche Bucht
Elbe
National-park
Hamburgisches Wattenmeer
Niedersächsisches Wattenmeer
Scharhörn
Neuwerk
HAMBURG-INSEL NEUWERK
Neuwerker Watt
Mittelgrund
Großer Vogelsand
Buchsand
Mittelplate
Spitzsand
Klotzenloch
Duhner Watt
Sahlenburger Watt
Kleinwatt
Spiekaer Barre
Wurster Watt
Schutzzone I
CUXHAVEN
DUHNEN
DÖSE
STICKENBÜTTEL
SAHLENBURG
ALTENWALDE
RITZEBÜTTEL
Amerika-Hafen
Kugelbake
Medemsand-insel
Neufelder Watt
Neufelder Sand
Medemrinne
Cuxhaven-Brunsbüttel
Hamburg-Helgoland (III-X)
Cuxhaven-Hamburg
Cuxhaven-Helgoland, Hamburg-Helgoland (III-X)
OTTERNDORF
Neuhaus
Cadenberge
Wingst
Hadeln
Lüdingworth
Nordholz
Wurster Nordseeküste
Dorum
Mulsum
Wremen
Langen
Wanna
Ahlenmoor
Bad Bederkesa
Neuenkirchen
Ihlienworth
Steinau
Odisheim
Stinstedt
Lamstedt
Drangstedt
GEESTLAND
BREMERHAVEN
Schiffdorf
LEHERHEIDE
LEHE
GEESTE
Weser
Hohe Plate
Langlütjen II
Langlütjen I
BLEXEN
NORDENHAM
Flögeln
Holzurburg
Debstedt
Imsum
Weddewarden
Helgoland
Nordmole
Lange Anna
Lummenfelsen
Oberland
Unterland
Nordreede
Südreede
Landungsbrücke
Binnenhafen
Südhafen
Vorhafen
Ostmole
Neue Westmole
Düne
Nordstrand
Südstrand
Naturschutzgebiet
Helgoländer Felssockel
Deutsche Bucht
Maßstab 1:50.000
0 1km
1
2
3
4
5

# Strand- und Inselwelten

*Den feinen Sand der Nordseestrände unter den Füßen, den Strandkorb als temporäres Wohnzimmer mit Ausblick über die Wunderwelt Wattenmeer – so kann man es aushalten im Cuxland. Und wenn norddeutsches „Schietwetter“ den Badefreuden im Wege steht, dann gibt es immer noch genug zu erleben auf den Inseln.*

## 1 Land Wursten

Friesische Bauern haben in mittelalterlichen Zeiten das Land urbar gemacht. Um Hochwassern zu entgehen, lebten sie auf Wurten, künstlichen Hügeln, waren Wurtsassen – woraus sich der heutige Begriff Wursten entwickelte. Erst im 16. Jh. endete die Selbstständigkeit der Wurtfriesen.

**SEHENSWERT**
Attraktion **Dorums** ist der markante Leuchtturm Obereversand, der von 1887 bis 1922 den Schiffen in der Elbmündung Orientierung gab. Anschließend diente er als Rettungsbake, ehe er 2003 nach Dorum-Neufeld versetzt wurde (www.obereversand.de, aktuelle Öffnungszeiten auf der Website). Inzwischen kann er besichtigt werden und heiratswillige Paare können sich hier das Jawort geben. Auch der „Kleine Preuße“ ist nicht mehr in Betrieb; seit 2005 steht ein Nachbau in **Wremen** am Hafen (www.kleiner-preusse.de, je nach Witterung Di.–So. 11.00–15.00 Uhr). Sehenswert in der dortigen St.-Willehad-Kirche (Urspr. um 1200) ist insbesondere der Taufstein, die St.-Peter-und-Paul-Kirche (12./13. Jh.) in **Cappel** beherbergt eine Arp-Schnitger-Orgel aus dem 17. Jh.

**MUSEEN**
Im **Museum für Wattfischerei** ist Wissenswertes zur Geschichte der Fischerei zu erfahren, von der Entwicklung der Fangmethoden bis hin zu den Lebensbedingungen der Fischerfamilien (Wurster Landstraße 118, Wremen, www.museum-wremen.de, Ostern bis 1. Nov. tgl. 14.00–17.00 Uhr, außer Mo.).
Wie die Küstenbewohner durch Deichbau und Entwässerung den Gezeiten getrotzt haben, wird im **Niedersächsischen Deichmuseum** in Dorum erzählt (Poststraße 16, www.nds-deichmuseum.de; Mai–Okt. 14.00–17.00 Uhr).

**HOTEL**
Das € € € **Hotel Deichgraf** liegt direkt am Deich (Strandstraße 54, 27638 Wremen, www.hotel-deichgraf-wremen.de).

**INFORMATION**
Touristinformation Wurster Nordseeküste, Am Kutterhafen 3, 27632 Dorum, Tel. 04741 96 00, www.wursternordseekueste.de

*Cuxhaven hat nicht nur Strand, sondern auch das Museum Windstärke 10. Im massiven Leuchtturm von Neuwerk kann man nächtigen.*

## 2 Neuwerk

Die landwirtschaftlich genutzte, 3,3 km² große Insel (40 Einw.) im südwestlichsten Teil der Elbmündung gehört politisch zu Hamburg. Die benachbarten Inseln Scharhörn und Nigehörn sind Refugien zahlreicher Vogelarten, nur Scharhörn darf bei offiziellen Führungen besichtigt werden.

**SEHENSWERT**
Wahrzeichen Neuwerks ist der **Leuchtturm,** der bereits um 1300 als Wehrturm im Kampf gegen die Seeräuberei errichtet wurde. Seit 1814 wird er als Leuchtfeuer genutzt, seit 1924 steht er unter Denkmalschutz.
Das **Nationalpark-Haus** präsentiert eine interessante Ausstellung zur Inselgeschichte, zum Wattenmeer sowie zum Thema Wattenschutz und bietet Exkursionen an (www.nationalpark-wattenmeer.de).

**HOTEL UND RESTAURANT**
Das € € / € **Nige Hus** ist genau so empfehlenswert wie das zugehörige Restaurant **Zum Anker** (Tel. 04721 295 61, www.inselneuwerk.de). Einfache Zimmer im Leuchtturm bietet die € **Pension Leuchtturm Neuwerk** (www.leuchtturmneuwerk.de).

**INFORMATION**
Siehe Touristeninfo Cuxhaven
www.mein-neuwerk.de
www.insel-neuwerk.de

## 3 Cuxhaven

Die „Stadt am Meer“ (48 000 Einw.) an der Nordspitze Niedersachsens lockt jährlich Millionen Touristen an ihre Strände. Wobei man sich vor allem in den Stadtteilen Duhnen, Döse und Sahlenburg vergnügt – bei Ebbe im Watt oder bei Flut in den Nordseewellen. Viele Cuxhaven-Besucher kommen auch, um ihrem Hobby „Pötte gucken“ zu frönen. Stadtrecht erhielt Cuxhaven zu Beginn des 20. Jahrhunderts.

**SEHENSWERT**
Cuxhaven versprüht maritimes Flair, kommt jedoch nicht gerade als städtebauliches Kleinod

daher. Publikumsmagnet ist die **Alte Liebe,** Anleger, Aussichtsplattform und 1733 als Bollwerk und Wellenbrecher aus drei Schiffswracks errichtet. Ganz in der Nähe hat das knallrote **Feuerschiff Elbe 1** festgemacht. Von 1948 bis 1988 als schwimmender Leuchtturm auf Position, dient es heute als Museumsschiff und Ausflugsdampfer (Tel. 04721 3 41 21, www.feuerschiff-elbe1.de). Wahrzeichen Cuxhavens ist die hölzerne **Kugelbake,** die den Übergang von der Elbe in die Nordsee markiert. Sehenswert ist auch **Schloss Ritzebüttel,** einer der ältesten Profanbauten (14. Jh.) der norddeutschen Backsteingotik (Schlossgarten 8, Tel. 04721 70 04 21, www.schlossverein-ritzebuettel.de; tgl. ab 10.00/11.00 Uhr).

### MUSEEN

Das Wrackmuseum und das Fischereimuseum sind als **Windstärke 10** unter einem Dach vereint (Ohlroggestraße 1, Tel. 04721 59 07 10, www.windstaerke10.net; April–Okt. tgl. 10.00 bis 18.00, sonst Di.–So. 10.00–17.00 Uhr); das Museum präsentiert zahlreiche Exponate zu den Themen Hochseefischerei und Schiffsuntergänge. Das einzige **Ringelnatz-Museum** Deutschlands präsentiert Arbeiten des Malers Joachim Ringelnatz, der ansonsten eher als Dichter bekannt ist (Südersteinstraße 44, Tel. 04721 39 44 11, www.ringelnatz-museum.de; Di.–So. 10.00–13.00 und 14.00–17.00 Uhr). Von den historischen **Hapag-Hallen** (1911–1913) aus brachen einst Tausende Auswanderer in die Neue Welt auf; im früheren Empfangsgebäude des Steubenhöft ist die Dauerausstellung „Abschied nach Amerika" untergebracht (Führungen 10.30 Uhr, genaue Termine siehe www.hapaghalle-cuxhaven.de).

### ERLEBEN

Ein Nordseeurlaub ist natürlich unvollständig ohne **Wattwanderung** TOPZIEL – die es sogar als Nachtvariante gibt. Mehrere Reedereien bieten u. a. **Fahrten zu den Seehundbänken,** nach Neuwerk und Helgoland sowie Hafenrundfahrten an.

Tipp

## Energiewende vor Augen

Für Technikfreunde werden Ausflugsfahrten sowie Rundflüge zu den Mühlengiganten der Offshore-Windparks vor Helgoland angeboten. Während der Fahrt informiert ein Video über Aufbau wie Betrieb. Die Touren mit dem Katamaran „Halunder Jet" dauern 2 Stunden, Rundflüge etwa 20 Minuten.

Informationen zu den Schiffstouren unter http://www.helgoline.de/specials/offshore-windpark
Rundflüge mit OFD, Tel. 04725 4 11

*Otterndorf mit dem Wohnhaus des Dichters und Übersetzers Johann Heinrich Voß (rechtes Haus)*

### VERANSTALTUNGEN

Tausende Besucher pilgern alljährlich zum Rockfestival **Deichbrand** (www.deichbrand.de; Juli). **Duhner Wattrennen**, s. Unsere Favoriten, S. 23.

### HOTEL UND RESTAURANT

Das **€ € € € Badhotel Sternhagen** ist erstes Haus am Platz. Über dem zugehörigen Restaurant **€ € € € Sterneck** leuchten zwei Michelin-Sterne (Cuxhavener Straße 86, 27476 Cuxhaven-Duhnen, www.badhotel-sternhagen.de). Frischen Fisch gibt es u. a. im **€ € € Fischereihafen-Restaurant** (Neufelder Straße 11, www.fischrestaurant-cuxhaven.de).

### UMGEBUNG

Das Aeronauticum in **Nordholz** bietet einen Einblick in die Geschichte der deutschen Marinefliegerei (Peter-Strasser-Platz 3, Tel. 04741 181 90, www.aeronauticum.de; März bis Nov. tgl. 10.30–17.30, sonst tgl. 10.30–15.30 Uhr). Sehenswerte Kirchen im Cuxland sind die Bauerndome St. Jacobi in **Lüdingworth** (Urspr. 11. Jh.; südöstl.) und St. Nicolai in **Altenbruch** (Urspr. 13. Jh.; südöstl.).
Für Naturliebhaber lohnt sich ein Abstecher in die **Altenwalder Küstenheide** (südl.).

### INFORMATION

Cuxland-Tourismus, Cuxhavener Straße 92, 27476 Cuxhaven, Tel. 04721 40 42 00, www.cuxhaven.de

## 4 Otterndorf

Otterndorf (7000 Einw.), bereits zu Römerzeiten ein Siedlungsplatz, nennt sich die „Grüne Stadt am Meer" und bietet mit zahlreichen historischen Fachwerkhäusern ein hübsches Altstadtbild, Anf. Aug. Kulisse für das Altstadtfest.

### SEHENSWERT

In der Alten **Lateinschule** (1614) lebte der Dichter und Homer-Übersetzer Johann Heinrich Voß (1751–1826). Das **Kranichhaus** (1585) beherbergt das Museum des Alten Landes Hadeln (Tel. 04751 914 80, www.kranichhaus.de; März bis 1. Nov. Mi.–Fr. 10.00–12.00 und 15.00 bis 17.00, Sa. und So. 15.00–17.00 Uhr).

### ERLEBEN

Auf der Medem verkehren die **Ausflugsschiffe** „Jens" und „Onkel Heinz". Tideunabhängige Badefreuden genießt man in der **Sole-Therme-Otterndorf** (Goethestraße 1, Tel. 04751 36 68; Kernzeit 14.00–18.15 Uhr, häufig länger).

### HOTEL UND RESTAURANT

Claus Peter, Küchenchef der **€ € € / € € Öhlschläger-Stube** im **€ € € / € € Hotel Peter,** hat mit seiner Küche auch US-amerikanische Präsidenten überzeugt (Bahnhofstraße 1, 21789 Wingst, www.hotel-peter-wingst.de). Auch saisonal ausgerichtete Kochkurse werden hier veranstaltet.

*Fischverächter haben es schwer bei solch köstlichen Gerichten …*

### UMGEBUNG

Die **Wingst** (südöstl.) ist ein Höhenzug westl. der Oste. Sein Silberberg ragt 74 m über der Norddeutschen Tiefebene auf. Vom Aussichtsturm Deutscher Olymp genießt man einen eindrucksvollen Rundumblick.
Touristenattraktion ist der **Zoo** in der Wingst (Am Olymp 1, Tel. 04778 255, www.wingstzoo.de; Sommer tgl. 10.00–19.00, Winter tgl. 10.00 bis 16.30 Uhr).

### INFORMATION

Tourist Information, Rathausplatz 1, 21762 Otterndorf, Tel. 04751 91 91 31, www.otterndorf.de

Tourismuszentrale Wingst,
Hasenbeckallee 1, 21789 Wingst,
Tel. 04778 8 12 00, www.wingst.de

## 5 Helgoland

„Grün ist das Land, rot ist die Kant, weiß ist der Strand. Das sind die Farben von Helgoland." Das 1,7 km² große Eiland (1500 Einw.) ist bekannt für sein gesundes Hochseeklima. 1720 zerstörte eine Sturmflut die Verbindung zwischen der Hauptinsel und der heutigen Badeinsel, der Düne, auf der man Seehunde sowie Kegelrobben beobachten kann. Bekanntester Sohn der Insel ist der Kinderbuchautor James Krüss (1926–1997; u. a. „Timm Thaler"). Seit 2015 steuert die moderne **MS Helgoland** der Reederei Cassen-Eils täglich das Eiland an, Abfahrt ab Cuxhaven um 10.30 Uhr (www.cassen-eils.de).

**SEHENSWERT**
Wahrzeichen Helgolands ist die **Lange Anna** TOPZIEL, ein knapp 50 m aus dem Meer aufragender Buntsandsteinfelsen. Die bunten **Hummerbuden** am Binnenhafen haben sich zum touristischen Zentrum der Insel entwickelt.

**MUSEEN**
Im **Helgoländer Museum** wird die wechselvolle Geschichte der Insel anschaulich gemacht (Kurpromenade, www.museum-helgoland.de; Mitte März–Okt. tgl. 10.00–14.30 Uhr). Besuchenswert ist auch der angrenzende Museumshof, in dem sich u. a. die **James-Krüss-Hummerbuden** befinden.

**ERLEBEN**
Badefreuden bietet das Meerwasserbad des **Mare Frisicum Spa Helgoland** mit Innenpool und Sommerbecken (Mo.–Do. und Sa. 8.00 bis 18.00, Mi. bis 21.00, So. 11.00–18.00 Uhr). Eine **Inselrundfahrt** mit dem Börteboot bringt Insel und Düne näher (Tel. 04725 8 13 70).

**VERANSTALTUNGEN**
Im Mai findet der **Helgoland Marathon** (www.helgolandmarathon.de) statt, 2017 zum 20. Mal. Zu Pfingsten trifft sich die Segelelite zur **Nordseewoche.** Sommerliche Höhepunkte sind das **Inselfest** und die **Ruderregatta der Börteboote.**

**HOTEL UND RESTAURANT**
Maritime Wohlfühlatmosphäre bieten € € € **Rickmers' Insulaner** (Am Südstrand 2, www.insulaner.de) und das € € **Hüs Weeterkant** (Südstrand, www.weeterkant.de).
Auf der vorgelagerten Badedüne kann man sich in quietschbunt gestrichenen **Bungalows** einnisten (Tel. 04725 81 12 51). Spezialität Helgolands sind die „Knieper" genannten Taschenkrebse.

**INFORMATION**
Helgoland Touristik, Lung Wai 28,
27498 Helgoland, Tel. 04725 20 67 99
www.helgoland.de



Genießen Erleben Erfahren

DuMont Aktiv

# Wunderwelt Wattenmeer

**Die Tagesgäste** mit dem Schiff sind bereits verschwunden, am frühen Abend brechen auch die letzten Kutschen von der Insel Neuwerk auf in Richtung Festland. Nachdem die Sonne so glühend untergegangen ist, wie es sich für einen Urlaubstag am Meer gehört und der Mond sein erstes fahles Licht über das Wattenmeer schickt, versammeln sich einige Abenteuerlustige zur Nachtwattwanderung.

**Manch einer** kann sich ein herzhaftes Gähnen nicht verkneifen, als Wattführer Karsten Bronk um Aufmerksamkeit bittet. Spätestens aber als er von der Biolumineszenz erzählt, dem Leuchten einiger weniger der unzähligen Wattbewohner, sind alle wieder hellwach. Anschließend werden farbige Leuchtbänder verteilt, damit in der Weite des Watts keiner „verschütt geht". Die üblichen Scherze dürfen auch bei Nacht nicht fehlen: „Wenn einer pinkeln muss, machen wir es wie die Seehunde. Wir bilden einen Kreis und pfeifen."

**Bei der Tour selbst** hält sich der Wattführer zurück, lässt die Teilnehmer die einzigartige Atmosphäre im nächtlichen Wattenmeer ausgiebig genießen. In der Ferne leuchten die Lampen der großen Pötte um die Wette. Nach rund dreistündigem Marsch durch Schlick knirscht in Sahlenburg schließlich wieder Sand unter den Füßen der Nachtwanderer.

**Weitere Informationen**

Buchung der **Nachtwanderungen:** Wunderwelt Watt, Tel. 0173 7 34 15 19, www.wattwandernneuwerk.de
Transfers von Sahlenburg nach Cuxhaven beispielsweise werden organisiert.

**Hinweis:** Ohne Führer bei Nacht ins Watt zu marschieren, wäre geradezu lebensgefährlich. Festes Schuhwerk ist Pflicht (Turnschuhe sind besser als Neopren-Socken oder auch Gummistiefel).

*Das Licht der Abendröte spiegelt sich in den Pfützen und Prielen, eine eigentümliche Stille umfängt die Wanderer auf ihrem Weg durchs Watt.*

Einbahnstraße

# Blühende Landschaften

**Das urbar gemachte fette Marschland konnte seine Bewohner am Elbstrom gut ernähren. Die ersten Obstbäume wurden hier vor gut 800 Jahren gepflanzt und dienten dem Eigenbedarf. Längst ist das Alte Land größtes zusammenhängendes Obstanbaugebiet in Mitteleuropa und zur Blütezeit ein Traum. Vom Albtraum radikaler Modernisierung in der 1960er-Jahren blieb die Altstadt Stades verschont und zieht nun, beispielhaft restauriert, Besucher in ihr historisches Fachwerk-Ambiente.**

An Stades Altem Hafen liegt der Fischmarkt mit einem selten zu sehenden Holztretkran, der einst großen Fortschritt im Warenumschlag bedeutete.

Einst wurde im Borsteler Hafen das Altländer Obst verschifft. Daran erinnert die 120 Jahre alte „Annemarie", als Plattbodenschiff gut für die flachen Gezeitengewässer geeignet.

Seit 1908 weist das Leuchtfeuer Krautsand Schiffen den Weg nach Hamburg.

Überall an Norddeutschlands Küsten sind Schafe die besten Deichpfleger. Ihr Grasen sorgt für eine feste Grasnarbe und beim Weiterwandern verdichten sie den Boden. So ist es auch in Wischhafen.

Nicht immer gibt es Zugvögel zu beobachten – Schiffe passieren die Elbinsel Krautsand dagegen das ganze Jahr.

„Aus dem Kirschhof drang das entfernte Klappern der Holzrasseln und Kochtopfdeckel. Hier, dicht am Haus, (...) wagten sich die ersten Stare schon wieder in die Bäume."

Dörte Hansen, Altes Land

Es war nicht sehr schmeichelhaft, was der römische Gelehrte Plinius der Ältere von seinen Reisen um 50 n. Chr. über das heutige Alte Land zu berichten hatte. „Dort haust ein bejammernswertes Volk. Mit ihren Händen sammeln sie Schlamm, den sie dann mehr im Winde als in der Sonne trocknen, kochen mit dieser Erde ihre Speisen und erwärmen ihre im Nordwind erstarrenden Leiber", heißt es in seinen Aufzeichnungen. Die Gegend schien eher ein Lebensraum für Amphibien denn für Menschen zu sein.

### Auf dem Weg zum Wohlstand

Auf die Idee, Deiche zu bauen, waren die bemitleidenswerten Bewohner jahrhundertelang nicht gekommen. Ihre Behausungen standen auf Wurten, die sie vor dem Schlimmsten bewahren sollten, wenn mal wieder eine Sturmflut im Anmarsch war. Oft nützte es nichts, und die Siedler entlang dem einst zehn Kilometer breiten Urstromtal namens Elbe bekamen nicht nur nasse Füße, sondern ersoffen elendig in den Fluten.

Erst Mitte des 12. Jahrhunderts beauftragte der Erzbischof zu Bremen niederländische Kolonisten damit, das Land urbar zu machen. Die sogenannten Hollandri zogen Entwässerungsgräben, bauten Deiche und errichteten Siele. Trotz der Deiche brachen immer wieder Sturmfluten herein und rissen Mensch und Vieh in den Tod.

Gleichwohl erwies sich das Alte Land als äußerst fruchtbar. Vor rund 800 Jahren wurden hier die ersten Obstbäume kultiviert, und allmählich entstanden an der Niederelbe blühende Landschaften. Die „Ollanner" Bauern kamen zu einigem Wohlstand, was sich bis heute an den „Prunkpforten" vor den Höfen ablesen lässt.

### Zwerge in Reih und Glied

Mit einer Fläche von gut 10 000 Hektar ist das Alte Land das größte zusammenhängende Obstanbaugebiet Mitteleuropas und zur Blütezeit ein Traum in Weiß und Rosa. Rund 300 000 Tonnen Äpfel pro Jahr werden geerntet, auch Kirschen, Birnen, Pflaumen und diverse Beeren sind im Angebot. Um ihre Früchte zu schützen, mussten sich die Obstbauern stets etwas einfallen lassen. Zum Beispiel den Patentmaulkorb, der in einer Zeit entwickelt wurde, als das liebe Vieh noch zwischen den Obstbäumen weidete. Das gute Stück war so konzipiert, dass es über das Maul rutschte, sobald die Rindviecher den Kopf hoben, um sich am Obst zu laben – während es sich mit gesenktem Kopf problemlos grasen ließ.

Auf der Westseite des Alten Hafens stehen Stades Schmuckstücke: Bürgermeister-Hintze-Haus und der Schwedenspeicher (links). Auch an der östlichen Hafenseite zeigt sich Stade prächtig (rechts oben); es entsteht die HafenCity (rechts unten).

Die ärgsten Feinde der Obstbauern jedoch sind die Stare, die nichts lieber als Kirschen naschen. Weil die Vögel unter Naturschutz stehen, dürfen sie lediglich „vergrämt" werden. Man marschierte mit Rasseln durch die Plantagen und gab merkwürdige Laute wie „Hoi, hoi, hoi" oder „Schu, schu, schu" von sich. Später dann mit Knallapparaten, auch Kirschböller genannt. Doch die Stare bekamen rasch heraus, dass der Lärm ihnen nichts anhaben konnte. Heute werden die Obstbäume überwiegend mit Netzen geschützt.

Dennoch darf man sich das Alte Land nicht wie eine idyllische Streuobstwiese vorstellen. Den Bäumen hat man längst die Krone gekappt, das erleichtert die Ernte an den gerade einmal manns-

„Hinterm Deich" lag Stade jahrzehntelang, bis in den 1970ern der Aufschwung das Stadtbild erblühen ließ.

hohen „Fruchtzwergen". Noch wird von Hand geerntet, doch die ersten Pflückroboter stehen als Prototypen schon bereit. Nach der Ernte wird das Obst in gekühlten Hightech-Hallen bei 95 Prozent Stickstoff und maximal 1,5 Prozent Sauerstoff gelagert und konserviert. Das frisst reichlich Energie. So romantisch es sein mag, seine Äpfel direkt beim Altländer Bauern zu kaufen, so ernüchternd ist die Tatsache, dass die Energiebilanz eines heimischen Prachtexemplars nicht besser ist als die eines aus Übersee importierten Apfels. Aber verdammt lecker sind sie schon, die Altländer Äpfel.

**Neue, alte Hansestadt**

Genießen kann man die Obst-Spezialitäten in den Bauerncafés zwischen Jork und Neuenfelde oder aber in der nahe gelegenen Hansestadt Stade, am besten am Alten Hansehafen mit seinen wunderschönen Fachwerkhäusern.

Inmitten der Obstbäume dreht das Twielenflether Wahrzeichen seit 1848 seine Flügel in den Wind; die Galerieholländermühle wird von einem rührigen Verein betreut und gepflegt.

Viele Orte im Alten Land sind von schmuckvollen Fassaden geprägt. Einladend sind die Gasthäuser und Hotels wie das namensgleiche, von Obstbäumen umstandene Hotel Altes Land.

Special

Äpfel im Alten Land

# Hauptsache rotbackig

**Zuerst standen sie in Bauern- und in Klöstergärten, heute sind die Obstbäume landschaftsbestimmend. Der Name Altes Land ist mittlerweile ein Synonym für hochentwickelten Obstanbau.**

Waren es im 17. Jahrhundert gerade mal 200 Hektar, auf denen sich die süßen Köstlichkeiten ausbreiteten, sind heute über 10 000 Hektar für den Obstanbau kultiviert, durchzogen von einem Netz aus Gräben, die entwässern und auch extreme Temperaturschwankungen dämpfen. Es reifen hier überwiegend Äpfel, der wohlschmeckende Gravensteiner liegt seit Jahrhunderten als Erster in den Verkaufskisten an der Straße und sollte bald gegessen werden. Der Amerikaner Jonagold und der echt norddeutsche Holsteiner Cox lassen sich dagegen gut lagern. Der kugelige, saftige und fein-säuerliche Elstar entstand 1955 aus Golden Delicious und der kaum mehr erhältlichen Ingrid Marie. Der Jonagored, eine knackig-rote Apfelvariante, gilt als Multitalent und wird auch gern in der Küche verwendet. Der aus Tschechien stammende robuste Topaz hat ein sehr saftiges und süß-säuerliches Fruchtfleisch und ist auch im Bio-Anbau beliebt. Ursprünglich neuseeländisch, ist der Braeburn sehr aromatisch und haltbar. Mitte bis Ende Oktober geerntet, gehört er zu den Letzten auf den Bäumen. Auch der vor 150 Jahren in den Niederlanden entdeckte Boskop ist ein „Winterapfel". Mit seiner ausgeprägten Säure wird er beim Backen geschätzt. Alte Sorten wie der sanft-säuerliche Finkenwerder Herbstprinz können im Wettbewerb der Eigenschaften schon lange nicht mehr mithalten und sind etwas für Pomologen, die sich um den Erhalt genetischer Möglichkeiten sorgen, und Liebhaber, die sich an den „Exoten" in ihren Gärten erfreuen – mittlerweile eine Marktnische.

1601 wurde die Stadt unehrenhaft aus der Hanse entlassen, weil sich die Stader Kaufleute mit der konkurrienden Company of Merchant Adventurers eingelassen hatten. Das war bitter, aber nichts im Vergleich zum verheerenden Brand im Mai 1659, dem zwei Drittel der Stadt zum Opfer fielen. Die Stader packten alsbald an zum Wiederaufbau, und die Altstadt hat gottlob seitdem ihr historisches Antlitz behalten.

### Stadt mit Charme

Von den andernorts so bitteren Folgen des Zweiten Weltkriegs blieb Stade weitgehend verschont, und der geplanten Sanierung im damals üblichen Hauruck-Verfahren in den 1960er-Jahren entging die Stadt schlicht und ergreifend, weil das Geld fehlte. Das floss erst ein paar Jahre später, als sich rund um ein Kernkraftwerk große Unternehmen ansiedelten und die daraus resultierenden Steuereinnahmen es ermöglichten, die Altstadt mustergültig zu restaurieren. Seit 2009 darf sich Stade wieder Hansestadt nennen. Doch auch ohne diesen Titel würde die Stadt an Schwinge und Elbe zu den schönsten in ganz Norddeutschland zählen.

KRIMILAND KEHDINGEN

# Leichen pflastern den Deich

*Nirgendwo sonst in Deutschland werden so viele Krimis geschrieben, so viele Drehbücher für Fernsehkrimis produziert wie im beschaulichen Kehdinger Land, einem abgelegenen Landstrich zwischen Deichen und Mooren im Elbe-Weser-Dreieck.*

Mehr Idylle geht eigentlich kaum, mehr Provinz geht auch kaum. Auf sattgrünen, von schnurgeraden Gräben durchzogenen Wiesen vor dem Elbdeich im Kehdinger Land grasen die Schwarzbunten friedlich vor sich hin. In den Vorgärten der kleinen reetgedeckten Backsteinhäuschen glänzen die Gartenzwerge stumm um die Wette. Der Diesel eines Treckers durchbricht die Stille mit seinem gleichmäßigen Tuckern. Mit einem kurzen „Moin" grüßt der Treckerfahrer von seinem Gefährt herunter, wenn er denn mal jemanden zum Grüßen findet.

Die Weltstadt Hamburg ist zwar nur gut 50 Kilometer entfernt, gefühlt sind es aber Welten. Etwas mehr als 60 Menschen pro Quadratkilometer bevölkern diese einsame Gegend zwischen Deich und Moor. Was soll da schon passieren? Vielleicht klauen ein paar gelangweilte Dorfjugendliche mal ein Mofa, vielleicht streiten zwei Bauern mal ein bisschen handfester darüber, wessen Kuh die bessere Milch gibt. Aber Mord und Totschlag passen hierher wie ein Misthaufen auf die Elbchaussee.

Und doch wird gemeuchelt und gemordet, was das Zeug hält. Zumindest in der Fantasie der hier ansässigen Autoren. Nirgendwo sonst in der Republik entstehen so viele blutrünstige Geschichten wie in dieser platten norddeutschen Bilderbuchlandschaft. Der Rönndeich zwischen Osten, Drochtersen und Wischhafen wurde gar zur „Deutschen Krimistraße" ernannt, das Kehdinger Land zum „Kriminland Kehdingen".

## Kehdinger Abgründe

Der 2005 verstorbene Volker Vogeler schrieb hier mehr als 150 Drehbücher für TV-Krimis wie „Tatort", „Derrick" oder „Der Alte". Elke Loewe lebt und arbeitet hier, hat ihre „Oste-Krimis", einen Kriminalroman auf Plattdeutsch, aber auch ihre preisgekrönten historischen Romane in der Einsamkeit des Kehdinger Landes verfasst. Liegt der Tatort in Kehdingen, so wird zwischen Melkmaschine und Güllegrube gemeuchelt. Wie bei Thomas E. Morgenstern – von Hause aus Biobauer und im Nebenberuf Krimiautor.

So ist die Rede von einem „Nest von Giftmischern und Meuchelmördern" und vom „deutschen Krimi-Mekka". Warum in Kehdingen keine „Heile-Welt-Heimat-Romane", sondern Kriminalgeschichten Hochkonjunktur haben, das weiß keiner so genau. Auch auf der Website des „Krimilandes Kehdingen" gibt es keine plausible Erklärung dafür. Dafür kann man sich dort über diverse Einschusslöcher durch Tatorte klicken – akustisch untermalt von einem Schuss und dem Muhen einer Kuh.

Krimiautor Thomas E. Morgenstern interessiert sich nicht nur für Güllegruben, sondern auch für das Abgründige im Miteinander der Menschen – beispielsweise im Hemmoorer Moorland (oben).

Optimale Folie fürs Krimigeschehen zwischen Buchdeckeln: das Kehdinger Land

## Fakten & Informationen

Eine kleine (Krimi-)Auswahl:

***Elke Loewe: Die Rosenbowle (2002)***
Die Münchnerin Valerie folgt einer Einladung ihrer Tante nach Augustenfleth – findet jedoch am Haus deren Leiche vor. Da sie nun die Erbin ist, bleibt sie vor Ort und versucht, Licht in das Geschehen zu bringen.

***Thomas E. Morgenstern: Elbstrandmord (2015)***
Ein Bauunternehmer wird am Elbufer gefunden – erschlagen. Es ist eine zwielichtige Figur, wie der ermittelnde Kommissar Paul Schlegel nach und nach herausfindet.

**www.krimiland.de**

Maßstab 1:230.000
0 2 4km
GLÜCKSTADT
ELMSHORN
STADE
WEDEL
PINNEBERG
UETERSEN
TORNESCH
QUICKBORN
BARMSTEDT
KREMPE
HEMMOOR
BREMERVÖRDE
SCHENEFELD
Wischhafen
Freiburg/Elbe
Drochtersen
Hechthausen
Himmelpforten
Oldendorf
Fredenbeck
Horneburg
Jork
Hammah
Cadenberge
Wingst
Lamstedt
Kutenholz
Elbe
Kehdingen
1
2
3
4

# Blüten- und Fachwerkträume

*Ein Blütenmeer, so präsentiert sich das Alte Land, wenn die Obstbäume in voller Pracht stehen. Und die Prunkpforten vor den einzigartigen Buntfachwerkhäusern erzählen vom Wohlstand der „Ollanner Bauern". Die dicken Pötte auf der Elbe erinnern derweil daran, dass es nur ein Katzensprung bis Hamburg ist.*

## 1 Kehdingen

Kehdingen erstreckt sich von der Ostemündung im Nordwesten bis nach Stade. Entlang der Elbe herrscht maritime Atmosphäre, die Kehdinger blicken auf eine lange Tradition als Schiffbauer zurück. Im Landesinneren bestimmen Moore und Marschwiesen das Bild der bäuerlichen Region. Ein Badeparadies der besonderen Art ist die Elbinsel Krautsand.

### MUSEUM

Das **Kehdinger Küstenschifffahrts-Museum** in Wischhafen (Unterm Deich 7, www.kuestenschiffahrtsmuseum.de) präsentiert zahlreiche historische Exponate.

### ERLEBEN

Das **Natureum Niederelbe** an der Ostemündung versteht sich als „lebendes Küstenmuseum". Die Dauerausstellung „Lebensader Elbstrom" informiert über Flora und Fauna der Elbmündung. Im Elbe-Küstenpark mit interaktiven Stationen können u. a. viele Vogelarten beobachtet werden. Direkt am Natureum beginnen mehrere Entdeckertouren auf die Elbe (Neuenhof 8, Balje, www.natureum-niederelbe.de; März–Okt. Di.–So. 10.00–18.00, Juli und Aug. tgl., Nov., Jan. und Febr. nur So. 10.00 bis 18.00 Uhr). Mit dem **Tidenkieker** geht es auf Schiffs-Safari auf die Niederelbe u. a. zu den Seehundbänken auf der Sandbank Brammer. Mit dem **Moorkieker** kann man das Kehdinger Hochmoor erforschen und mit dem **Vogelkieker** Zugvögel in den Elbmarschen beobachten (Termine und Touren unter www.verein-naturerlebnisse.de). Die **Mocambo** tuckert ab Oberndorf (östl. Wingst) über die Oste aufwärts (www.osteschifffahrt.de).

### VERANSTALTUNGEN

Zur Krokusblüte wird in Drochtersen das **Blütenfest** gefeiert (www.drochtersen.de/bluetenfest). Vogelfreunde zieht es im Oktober zu den **Kehdinger Wildganstagen** (www.wildganstage.de).

### HOTELS

Gediegen-gemütlich residiert man unterm Reetdach im **€ € € / € € Gut Schöneworth** (Landesbrücker Straße 42, 21729 Freiburg/Elbe, www.gut-schoeneworth.de). Das **€ € B & B Gut Hörne** (Hörne-West 46, 21730 Balje, www.guthoerne.de) bietet stilvolle Zimmer in seinem neugotischen Gutshaus sowie ein hervorragendes Bio-Frühstück.

*Ein Hauch von Holland in Steinkirchen;*
*Urlaub an der Elbe bei Krautsand.*
*Etwas Exotik bringt die Kamelie mit.*

### UMGEBUNG

Gemütlich maritim geht es rund um den Hafen in **Neuhaus an der Oste** zu. Im Yachthafen liegt das Museumsschiff „Windsbraut", unweit davon befindet sich eine Wasserskianlage (www.wasserski-neuhaus.de).
Bei **Hemmoor** kann man mit Deutschlands ältester Schwebefähre (1909) die Oste passieren. Die Gondel ist teils erneuert und hat eine Länge von 16 m (www.schwebefaehre-osten.de; April–Okt. tgl.).

### INFORMATION

Touristikverein Kehdingen,
Stader Straße 139,
21737 Wischhafen, Tel. 04770 83 11 29,
www.tourismus-kehdingen.de

## 2 Stade

Erstmals erwähnt 994 als „Stethu", ist die Kreisstadt (46 000 Einw.) das wirtschaftliche und kulturelle Zentrum an der Unterelbe. Vor allem aber ist Stade mit seinen pittoresken Fachwerkhäusern ein städtebauliches Kleinod. Bei einer Brandkatastrophe 1659 während der schwedischen Festungszeit (1643–1712) wurden zwei Drittel der Stadt vernichtet. Die Gebäude aus der Zeit danach stehen zum Teil bis heute, ab 1972 großzügig restauriert. 1601 aus der Hanse ausgeschlossen, darf sich Stade seit 2009 wieder offiziell Hansestadt nennen.

### SEHENSWERT

Die autofreie **Altstadt TOPZIEL** mit ihren verwinkelten Kopfsteinpflastergassen lädt zum Bummeln ein. Verweilen sollte man am **Alten Hafen** und der sehenswerten Straße Wasser West mit zahlreichen Cafés und Restaurants.

In unmittelbarer Nähe am **Fischmarkt** befindet sich der rekonstruierte historische Tretkran (urspr. um 1660). Das 1667 errichtete **Rathaus** aus Renaissance und Frühbarock beherbergt einen der ältesten Ratskeller Deutschlands (1305). In der **Kirche St. Cosmae und Damiani** (13. Jh.) im Stil der Backsteingotik finden sich Orgeln von Berendt Hus und Arp Schnitger; 178 Stufen führen hinauf auf den Kirchturm und zu einem herrlichen Rundblick (Termine und Tickets für die Turmführung online unter: www.stade-tourismus.de).
Die gotische **Kirche St. Wilhadi** hat ihren Ursprung im 14. Jh. Als eines der schönsten Gebäude Stades gilt das wiedererrichtete **Bürgermeister-Hintze-Haus** (Wasser West 23) mit Renaissancefassade.

### MUSEEN
Zur Schwedenzeit Lager und Proviantuhaus, beherbergt der **Schwedenspeicher** am Alten Hafen als Museum u. a. eine Ausstellung zur Stadtgeschichte und zahlreiche Exponate zum Thema Hanse (Wasser West 39, www.museen-stade.de; Di.–Fr. 10.00–17.00, Sa. und So. 10.00–18.00 Uhr). Das **Freilichtmuseum** erinnert mit zwei Bauernhäusern und einer Bockwindmühle an die agrarische Vergangenheit der Region (Auf der Insel 2, www.museen-stade.de; Mai–Sept. Di.–Fr. 10.00–17.00, Sa. und So. bis 18.00 Uhr). Das **Kunsthaus Stade** präsentiert Werke international renommierter Künstler (Wasser West 7, www.museen-stade.de; Di., Do. und Fr. 10.00–17.00, Mi. 10.00 bis 19.00, Sa. und So. 10.00–18.00 Uhr). Im 1904 errichteten **Heimatmuseum** ist u. a. eine Sammlung Altländer Trachten zu sehen (Inselstraße 12, www.museen-stade.de; derzeit wg. Renovierung geschl.).

### ERLEBEN
Mit dem Museums-Küstenmotorschiff „Greundiek" lassen sich **Elbtouren** unternehmen, mit den Fleetkähnen „Aurora" und „August" lässt sich die Stadt vom Burggraben aus entdecken (Verein Alter Hafen; s. auch Stade Tourismus). **Stadtführungen** auf Plattdeutsch und thematische Führungen (u. a. „Auf den Spuren der Hanse") bietet Stade Tourismus.

Tipp

## Wo Kisten erzählen

Einst waren sie sieben von Tausenden Erntegroßkisten, in denen Äpfel geerntet und schließlich gelagert wurden. Heute sind sie als Geschichtekisten in Borstel, Cranz, Estebrügge, Francop, Grünendeich, Königreich, Neuenfelde und Twielenfleth aufgestellt. Man kann es sich in den umgebauten Erntekisten gemütlich machen und Geschichten aus dem Alten Land lauschen.

*Auf Buxtehudes Fleth liegt der 100-jährige Ewer „Margareta". Einladend verziert ist die Tür am Fachwerkhaus im Alten Land.*

### VERANSTALTUNGEN
Am **Tag der Hanse** (Mai/Juni) servieren die Brüderschaften Stades beim traditionellen Hansemahl ein zünftiges Labskaus-Gericht. Im Juni feiert Stade sein **Altstadtfest**, im Okt. findet das **Shantychor-Festival** statt.

### HOTELS
Nahe der Altstadt nächtigt man im **€ € Parkhotel Stader Hof** (Schiffertorstraße 8, 21682 Stade, www.parkhotel-staderhof.de). Das **€ € / € Hotel am Fischmarkt** (Fischmarkt 2, 21682 Stade, www.hotel-am-fischmarkt.de) liegt inmitten der Altstadt.

### UMGEBUNG
**Schloss Agathenburg** (südöstl.) aus dem 17. Jh. wird als Schlossmuseum und als Veranstaltungsort genutzt (Hauptstraße, www.schlossagathenburg.de; März–3. Advents-So. Di.–Fr. 14.00–18.00, Sa./So. 11.00–18.00 Uhr).

### INFORMATION
Stade Tourismus, Hansestraße 16, 21682 Stade, Tel. 04141 40 91 70, www.stade-tourismus.de

## 3 Altes Land

Das Alte Land verzaubert seine Besucher vor allem zur Obstblüte. Im 12. Jh. wurde es durch holländische Kolonisten dem Urstromtal der Elbe abgerungen und entwickelte sich zum größten zusammenhängenden Obstanbaugebiet Mitteleuropas. Jährlich werden hier rund 300 000 Tonnen Obst produziert, überwiegend die berühmten Altländer Äpfel.

### SEHENSWERT
Fast wie in einem überdimensionierten Freilichtmuseum reihen sich die prächtigen **Altländer Fachwerkhäuser** TOPZIEL mit ihren verzierten Giebeln in **Jork, Steinkirchen** und **Neuenfelde.** Rund 400 Baudenkmale sind hier noch zu bewundern. Neben der besonderen Fassadengestaltung mit „Buntmauerwerk" und den filigran gestalteten Brauttüren beeindrucken die Prunkpforten. Wohlstand war auch die Basis der vielen reich ausgestatteten Kirchen in bäuerlichem Barock. Die Saalkirche zu Steinkirchen beherbergt eine Arp-Schnitger-Orgel aus dem 17. Jahrhundert, eine von einst acht des Orgelbaumeisters. Die größte Altländer Kirche ist St. Matthias zu Jork.

### MUSEUM
In Jork, Zentrum des Alten Landes, ist in einem standesgemäßen Bauernhaus (um 1725) das **Museum Altes Land** zu finden mit Wissenswertem zur Entwicklung der Kulturlandschaft (Westerjork 49; April–Okt. Di.–So. 11.00–17.00, sonst Mi., Sa. und So. 13.00–16.00 Uhr).

### VERANSTALTUNGEN
Im Mai lockt das **Altländer Blütenfest** (s. Unsere Favoriten, S. 23). Im Juli wird die **Altländer Kirschwoche** gefeiert, im Sept. der **Tag des Offenen Hofs.** Zum Geburtstag Arp Schnitgers ertönen Anf. Juli die historischen Orgeln in den Kirchen des Alten Landes. Über die Blüte informiert das **Blütenbarometer,** gefolgt vom **Obstbarometer,** das die Reife von Kirschen und Äpfeln dokumentiert (www.bluetenbarometer.de).

### RESTAURANT
Eine Institution ist **€ Der Elbfischer** direkt an der Elbe östl. Grünendeich (Wisch 29b, Jork, www.elbfischer-buckow.de). Kultstatus besitzt **€ Erika's Schlemmertreff** am Fähranleger Lühe in Grünendeich.

### INFORMATION
Tourismusverein Altes Land, Osterjork 10, 21635 Jork, Tel. 04162 91 47 55, www.mein-altes-land.de

## 4 Buxtehude

Erstmals erwähnt wurde eine Bauernsiedlung Mitte des 10. Jh. Buxtehude (40 000 Einw.) entwickelt sich Ende des 13. Jh. zur Hafenstadt und zählte im Mittelalter sogar zur Hanse. Seit Jüngstem darf sie sich wieder als Hansestadt bezeichnen – ansonsten ist Buxtehude als sagen- und märchenhaft bekannt, in der die Hunde angeblich mit dem Schwanz bellen und Hase und Igel um die Wette laufen ...

**SEHENSWERT**

Ein Bummel durch die Buxtehuder Altstadt sollte in jedem Fall am hübschen alten Platz **Stavenort** (1575, nahe St.-Petri-Platz) vorbeiführen. Der **Marschtorzwinger** (heute Kulturzentrum) am Westfleth ist der letzte von ehemals fünf Rundtürmen der einstigen Stadtmauer des 14. Jh.; der von der Este durchflossene Festungsgraben ist noch weitgehend erhalten. Hübsche Kaufmannshäuser sind am **Fleth** zu finden, dort steht seit 1989 die Skulptur „Flethenkieker". Wahrzeichen der Stadt ist die wiederholt umgebaute gotische **Kirche St. Petri** (Urspr. 13. Jh.).

**MUSEUM**

Nach dem Umbau präsentiert das **Museum für Regionalgeschichte und Kunst** (Stavenort 2, www.buxtehudemuseum.de) zwei neu eingerichtete Dauerausstellungen: zur Geschichte der Hansestadt und zum sächs. Gräberfeld von Immenbeck (bis zur Neueröffnung vorauss. Anf. 2018: Heimatmuseum am St. Petri-Platz 9, Sa. und So. 11.00–17.00 Uhr).

**VERANSTALTUNGEN**

Im Juni feiert Buxtehude sein **Altstadtfest.** Das **International Music Festival Buxtehude** präsentiert klassische Musik (Juli; www.klassik-buxtehude.de). Ende Okt. steigt der **Herbstmarkt** auf dem Schafmarktplatz.

**HOTEL UND RESTAURANTS**

Maritimes Ambiente in einem Backsteinbau, diese Mischung bietet das **€ € Navigare**; sein Restaurant **€ € € / € € Seabreeze** verwöhnt mit modern interpretierten regionalen Gerichten (Harburger Straße 4, 21614 Buxtehude, www.hotelnavigare.com). Auch im **€ € / € Hoddows Gastwerk** (Westfleth 35, www.hoddows-gastwerk.de) wird ein gelungener Mix aus regionaler und neuer Küche serviert.

**UMGEBUNG**

Das 1104 gegründete Kloster in **Harsefeld** blieb bis zum Ende des Dreißigjährigen Kriegs letzte Bastion des Katholizismus an der Niederelbe. Heute erinnert ein Museum im Klosterpark an das Wirken der Benediktinermönche im Mittelalter (Am Amtshof 3, Tel. 04164 69 10; April–Sept. Di.–So. 15.00–18.00, So. und Fei. 10.00–12.00 Uhr, sonst kürzer).

**INFORMATION**

Stadtinformation, Viverstraße 1, 21614 Buxtehude, Tel 04161 5 01 23 45, www.buxtehude.de

Genießen Erleben Erfahren

DuMont Aktiv

# Radeln auf der Obstroute

**Während der Obstblüte** wird das Alte Land in ein Meer aus weißen und rosafarbenen Blüten getaucht. Deutschlands größtes zusammenhängendes Obstanbaugebiet an der Elbe lässt sich gut per Drahtesel erkunden.

**Das Logo** für die Fahrradtour auf der Obstroute ist bestimmt in Rekordzeit gefunden worden. Was sollte man auch sonst nehmen als eine knallrote Kirsche und einen knackig-grünen Apfel? Auf zwei bestens ausgeschilderten Routen à 37 bzw. 41 km führt die Obstroute durch Abertausende von Apfel- und Kirschbäumen zu den schönsten Höfen und in die hübschesten Fachwerkdörfer des Alten Landes: auf kleinen, wenig befahrenen Deichwegen die Flüsschen Lühe, Este und Schwinge entlang oder direkt am Deich des mächtigen Elbstroms, wo dicke Pötte vorbeiziehen. Die Landschaft ist überwiegend platt, lediglich die steife Brise muss man hier mit einkalkulieren.

**Vor allem zur Erntezeit** können Radler den Proviant getrost zu Hause lassen: An fast jeder Ecke bieten die Bauern ihr schmackhaftes Obst an. Und auch in den vielen Bauerncafés entlang der Obstroute werden Radler regional mit Speis und Trank versorgt.

**Weitere Informationen**

**Alte-Land-Radtouren:** www.tourismus-altesland.de/de/tourenvorschlaege

**Obstrouten:** Rundroute 1: Lüheanleger – Grünendeich – Hollern-Twielenfleth – Stade – Agathenburg – Horneburg – Guderhandviertel – Steinkirchen – Lüheanleger; 37 km.

Rundroute 2: Lüheanleger – Borstel – Cranz – Königreich – Estebrügge – Buxtehude – Jork – Mittelnkirchen – Steinkirchen – Lüheanl.; 41 km.

**Elbe-Radwanderbus:** April–Okt. am Wochenende, Platz für 16 Fahrräder; Tel. 04161 6 44 60, www.urlaubsregion-altesland.de.

*Das Land mag platt wie ein Pfannkuchen sein – und doch fordert die überwiegend aus westlicher Richtung kommende Brise meist einige Kraft bei der Radtour.*

# Kunstvolles im Moor

Worpswede blickt auf eine lange Tradition als Künstlerkolonie zurück. Das einstige Moordorf mutierte Ende des 19. Jahrhunderts zum „Weltdorf", wie der Mitgründer der Künstlerkolonie, Fritz Mackensen, Worpswede gerne nannte. Heute ist man bemüht, den Spagat zwischen „Mythos und Moderne" hinzubekommen und Worpswede nicht zum Museumsdorf für Pauschaltouristen verkommen zu lassen. Wer es ruhiger und ursprünglicher mag, der fährt ins nahe gelegene Fischerhude, wo die Kunst ebenfalls nicht zu kurz kommt.

Von Verden sind es nur noch wenige Kilometer, bis die Aller – hier im Bild – die Weser erreicht.

Torfkähne im Teufelsmoor sind erhaltenswerte Relikte der Vergangenheit, um die sich erfreulicherweise Vereine wie die Torfkahnschiffer Osterholz-Scharmbeck kümmern.

Einst anerkannte Berufe und heute oftmals museales Ehrenamt: Osterholzer Torfkahnschiffer „Charly" Gödecke (links) und Torfstecher auf dem Moorhof in Augustendorf (rechts).

Stille Landschaft mit „Wolkentheater", so zeigt sich bis heute das Teufelsmoor mit der Hamme.

Den ersten Anstoß gab der Bremer Reiseschriftsteller Johann Georg Kohl. Der Mann hatte bereits die halbe Welt bereist, ehe er 1863 das erste Mal Worpswede besuchte. In seinen „Nordwestdeutschen Skizzen" schrieb Kohl: „Ich begreife nicht, dass unsere Maler das Leben und Treiben an solchen merkwürdigen Hochmoorhäfen und Torffabrikstätten, die sich überall an den zerfressenen Rändern unserer Hochmoore darbieten, noch so wenig zum Gegenstande von Studien gemacht worden haben."

Rund 20 Jahre später entdeckte der Düsseldorfer Kunststudent Fritz Mackensen den Ort. Er war begeistert, beschloss zu bleiben und überredete seine Studienfreunde Hans am Ende und Otto Modersohn, sich ihm anzuschließen. Im Jahr 1889 gründeten sie die Künstlerkolonie Worpswede. Weitere Künstler folgten, die später Berühmtheit erlangten – darunter Paula Modersohn-Becker, eine der wichtigsten deutschen Vertreterinnen des Expressionismus. Sie kam 1898, verliebte sich ebenfalls in die archaische Bauernlandschaft, in das ganz besondere Licht unter weitem Himmel und in das dramatische „Wolkentheater" über dem Moor. Sie bezeichnete die Niederungen um die dahinmäandernden Flüsschen Hamme, Wümme und Wörpe gar als „Wunderland".

Das Kaffee Worpswede wird auch gern als „Kaffee Verrückt" bezeichnet, schließlich hatte es sein Erbauer, Bernhard Hoetger, ohne herkömmliche Bauzeichnungen und unter Vermeidung von rechten Winkeln errichtet.

Die Große Kunstschau Worpswedes präsentiert die erste Worpsweder Künstlergeneration – darunter Werke von Heinrich Vogeler, Otto Modersohn, Paula Modersohn-Becker, Hans am Ende, Fritz Overbeck, Fritz Mackensen und Carl Vinnen.

Der Barkenhoff war künstlerisches Zentrum der Worpsweder Künstlerkolonie.

Worpswede gehört zu den bekanntesten touristischen Zielen Niedersachsens – was sich auch in einer Vielzahl gastlicher Stätten niederschlägt.

„Ins Horizontgrün der Dämmerung mischt sich goldener Schimmer und fächert sich überm Land auf. Die Wiesen erwachen."

Klaus Modick, Konzert ohne Dichter

Die Worpsweder Künstler von einst hatten es satt, im Studio zu malen. „Fort mit den Akademien, die Natur ist unsere Lehrerin", lautete das Credo, das sie sich bei Künstlern aus Frankreich abgeschaut hatten. Wenn man so will, war Worpswede die erste alternative Szene in Deutschland, die den Auswüchsen der Zivilisation zu entfliehen versuchte und einen Gegenpol zur kapitalistischen Industriegesellschaft schaffen wollte. So konnte es wohl auch geschehen, dass sich einige der Worpsweder Künstler für die frühen Ideen der Nationalsozialisten begeistern konnten.

### Mythos und Moderne

Die Worpsweder Künstler trafen den Nerv des städtischen Kunstpublikums. Dabei hatte es die kunstbeflissene Boheme damals bei der Anreise nicht allzu kommod: Über rumpelige Straßen aus rotem Backstein gelangten sie mit der Postkutsche in das Moordorf. Heute kommen die Touristen bequem mit dem Auto oder in Reisebussen. Manch einer behauptet spöttisch, der „Bonze des Humors", eine sehenswerte Plastik von Bernhard Hoetger, habe ebenjenen gänzlich verloren ob des Touristenrummels. Oder: In weiser Voraussicht stehe Hoetgers weiteres Werk mit dem Titel „Die Wut" gleich daneben. Denn während die Gemeinde und einige Ansässige von dem Rummel profitieren, waren alteingesessene Worpsweder bisweilen schon ein bisschen wütend über die Auswüchse des Tourismus.

Dem Besucher wird in den Worpsweder Museen durchaus große Kunst geboten, aber ein paar Meter weiter ist die Kunst auch schon zu Kitsch geworden. Vielleicht auch deshalb waren die Besucherzahlen rückläufig. Man entwickelte einen Masterplan, um Worpswede zu einer „kulturtouristischen Premiummarke" zu entwickeln. Das klingt beinahe so, als handele es sich um ein Waschpulver. Die Kritiker befürchteten, dass der Ort auch noch seinen Rest Charme verlieren könne. Der Plan umfasste unter anderem ein moderneres Ausstellungskonzept, die Sanierung der Museen und der Kunstmeile Bergstraße – die wahrlich gelungen ist. Da sind sich fast alle einig. Das meiste Geld kam aus Brüssel, das Motto lautete „Mythos und Moderne". Genau diesen Spagat muss Worpswede schaffen: Die Alten Meister zu würdigen und gleichzeitig das aktuelle Kunstschaffen zu fördern.

### Motivsuche im Moor

Um dem Geheimnis der oft düsteren Bilder der Worpsweder Maler auf die Spur zu kommen, sollte man nicht nur

Über den Giebeln der Großen Straße ragt der Verdener Dom auf (oben). Im 19. Jahrhundert wurde er nach den romantischen Vorstellungen dieser Zeit gotisch zurückgebaut (unten).

Blick über die Allerwiesen auf Verden mit seinem Dom, das unter den Frankenkönigen Bischofssitz war.

Nachdem der romanische Kirchenbau abgebrannt war, entstand in Verden der massig wirkende gotische Dom.

## Schon von Weitem fällt der Blick auf den dreischiffigen gotischen Dom in Verden.

Südwestlich von Verden steht in Bruchhausen-Vilsen eine hingebungsvoll gepflegte Kleinbahn unter Dampf (oben links). Zu den großen Pferde-Veranstaltungen gehört das Internationale Dressur- und Springfestival in Verden (oben rechts und unten links). Ganz andere Kaliber werden auf der Landwirtschaftsschau Tarmstedter Ausstellung gezeigt – darunter der Welsh Black „Sammy" von Hermann Maack.

Zum idyllischen Bild von Fischerhude gehört auch das Entenhaus am Wümmearm.

Die Region ist traditionell der Tierzucht verbunden – von der sogenannten Reiterstadt Verden bis zur Tarmstedter Ausstellung mit ihren Prachtbullen.

ins Museum gehen. Man sollte sich auf Entdeckungsreise in die Natur begeben, ins Teufelsmoor. Dorthin, wo die Maler einst ihre Staffeleien aufstellten. Einiges hat sich verändert, und doch hat die Moorlandschaft nach wie vor einen gewissen Zauber. Die beste Zeit für solche Ausflüge sind der frühe Morgen, wenn Nebelschwaden über die Wiesen wabern, oder bei Einbruch der Nacht, wenn das Licht die Landschaft in jenes „Götterland" verwandelt, als das Paula Modersohn-Becker die Gegend empfand.

**Kleine Schwester**

Fischerhude ist so etwas wie die kleine Schwester Worpswedes. Es kommt etwas bescheidener daher und darf sich ebenfalls Künstlerkolonie nennen. Im Schatten uralter Eichen ducken sich Bauernhäuser, das mächtige Rad der Alten Wassermühle an einem Wümmearm dreht sich mit gleichmäßigem Gerumpel. Das idyllische Fleckchen hat sich seinen bäuerlichen Charme bis heute erhalten.

Über die Kopfsteinpflasterstraßen rumpeln freilich auch hier inzwischen mehr Limousinen der gehobenen Mittelklasse und E-Bikes als Trecker. Erholung und Ruhe suchende Städter können in den zahlreichen Cafés regionale Köstlichkeiten genießen. Entweder wurden hier schon seit Urzeiten Kuchen und Torten vom Feinsten produziert, oder aber die Konkurrenz des florierenden „Raus-aufs-Land-Tourismus" belebt das Geschäft. Und wer sich Zeit über das „Kaffeesieren" hinaus nimmt, der bekommt deftige und schmackhafte Hausmannskost serviert. Knipp ist einer der Renner, eine kross gebratene „Schweinerei", zu der in der Regel Bratkartoffeln, saure Gurken und bisweilen Apfelmus serviert werden.

Wie dem Alt-Bundeskanzler Helmut Schmidt das einstige „Arme-Leute-Essen" Knipp gemundet hat, ist nicht überliefert. Aber Schmidt war auch nicht zum Schlemmen gekommen. Als er Fischerhude regelmäßig besuchte – während seiner Stationierung als Soldat in Bremen-Vegesack kurz vor Beginn des Zweiten Weltkriegs –, war das Künstlerdorf seine „einzige geistige Oase in der Nazizeit". Heute ist es eine Oase der Ruhe, aber die Kunst spielt durchaus noch eine wichtige Rolle. Und zwischen Kuchen und Knipp sollte man dem Otto-Modersohn-Museum einen Besuch abstatten.

Die besten Ziele für Kohlfahrten

# Winterlicher Kohlgenuss

Grünkohl und Pinkel ist das Traditionsessen schlechthin im winterlichen Nordwesten. Vor dem Gaumenschmaus jedoch – so will es hier der Brauch – geht man auf Kohlfahrt. Der erfahrene Kohlfahrer zieht dabei einen Bollerwagen mit Getränken hinter sich her und spielt das eine oder andere, manchmal recht sinnfreie Spiel. Dann erst wird der Kohl im Restaurant genossen!

## 1 Kohlessen mit DJ

Am Rande des Bremer Stadtwalds liegt das „Haus am Walde". Hier wird erstklassiger Grünkohl serviert. Den obligatorischen Spaziergang kann man entweder durch den winterlichen Bürgerpark machen und rund um den Stadtwaldsee oder die Route entlang des Torfkanals oder der „Kleinen Wümme" nehmen. Nach Hochzeitssuppe, Kohl, Pinkel und Roter Grütze wird im Saal das Tanzbein geschwungen.

Haus am Walde,
Kuhgrabenweg 2
28359 Bremen
Tel. 04212 1 27 65
http://hausamwalde-bremen.de

## 2 Zünftige „Kohl-Party"

Für einige Kohlfahrer steht das Essen im Vordergrund, für andere das Spazierengehen, wieder andere wollen so richtig „auf den Putz hauen". Eines der Gasthäuser, das sich auf zünftige Kohlpartys spezialisiert hat, ist Grothenn's Gasthaus in Bremen-Arbergen. Hier gibt es zahlreiche „Grünkohl-Flatrates", will heißen: ein Großteil der alkoholischen Getränke ist im Gesamtpaket enthalten, dazu spielen Livebands die aktuellen Hits, Oldies und norddeutsches Liedgut – zum Mitsingen. Der oft schon feucht-fröhliche Spaziergang führt von Bremen-Hemelingen auf dem Deich entlang der Weser und durch die Mahndorfer Marsch bis zum Gasthaus.

Grothenn's Gasthaus,
Arberger Heerstr. 101
28307 Bremen
Tel. 04214 8 00 20
www.grothenns.de

## 3 Genuss in norddeutscher Höhe

Das Restaurant Holschenböhl befindet sich inmitten einer Landschaft, die sich Bruch nennt – einer topfebenen und von zahlreichen Wasserstraßen durchzogenen Gegend südlich von Bremen. Nur der Gasthof liegt minimal erhöht. Der Sage nach soll ein Riese hier seinen Holzschuh (plattdeutsch „Holschen") voller Sand entleert haben, wodurch die kleine Anhöhe („Böhl") entstanden sei. Verbürgt hingegen ist, dass man nach einem herrlichen Spaziergang im Holschenböhl im Gasthaus ab Buß- und Bettag bis Ende Februar erstklassigen Grünkohl essen kann.

Gasthaus Holschenböhl
Zum Holschenböhl 2
27321 Emtinghausen
Tel. 04295 2 48
www.holschenboehl.de

## 4 Traditionell mit modernem Einschlag

Robert Päßler im Restaurant „Zur Wörpe" am gleichnamigen Flüsschen serviert seinen Kohl sowohl traditionell als auch modern. Der Tradition verpflichtet fühlt er sich schon alleine deshalb, weil er die „Wörpe" von Heino Geffken übernommen hat – und der galt jahrzehntelang als eine Art „Grünkohl-Papst" in der Region. Es gibt den Grünkohl mit Kasseler, Koch- und Pinkelwurst, auch mit allerfeinsten Bratkartoffeln. Wenn Päßler den Kohl jedoch nicht auf klassische Art zubereitet, dann kommt das Wintergemüse bei ihm zum Beispiel auch als „Grünkohlstrudel mit Kürbis und lila Kartoffeln im Blätterteig" auf den Tisch. Den Hunger holt man sich bei einem Marsch durch die Borgfelder Wümmewiesen Richtung Lilienthal.

Zur Wörpe
Mühlendeich 15
28865 Lilienthal
Tel. 04298 6 99 31 36
www.zurwörpe.de

## 5 In den Wümmewiesen

Die Wümmeniederung ist eine norddeutsche Bilderbuch-Landschaft. Einer der schönsten Spaziergänge durch die winterlichen Wümmewiesen lässt sich bei Hellwege, rund 30 Kilometer westlich von Bremen machen. Diese Wanderung ist durch das Kohl-Menü in Kaisers Gasthaus zu krönen. In urgemütlichem Ambiente direkt am Fluss gibt es zudem eine Kuriosität zu bestaunen: Täglich kommt ein handzahmer Bussard namens „Helmut" zu Besuch, um sich beim Wirt ein Stück Fleisch abzuholen.

Kaisers Gasthaus an der Wümme
Dorfstraße 1
27367 Hellwege
Tel. 04264 29 73
www.kaiser-deutschland.de

## 6 Norddeutsches Grünkohlbüffet

Das Hotel „Altes Land" in Jork bietet zur Saison klassischen Grünkohl mit Kasseler, Pinkel und herzhaften Kochwürsten. Doch die mehrfach für ihre regionalen Spezialitäten ausgezeichneten Küchenchefs haben noch ein ganz besonderes Kohlessen im Programm. Nach einem Spaziergang an der Elbe genießt man beim „Norddeutschen Grünkohlbuffet" u. a. Birnengrünkohl, Grünkohl-Lasagne, vegetarischen Apfel-Grünkohl sowie Grünkohlparfait.

Hotel Altes Land
Schützenhofstraße 16
21635 Jork
Tel. 04162 9 14 60
www.hotel-altes-land.de

## 7 Kohlspezialist an der Küste

Eigentlich sind die Köche vom Restaurant „Zur Börse" in Wremen Spezialisten für den Röhrkohl. Doch im Winter gibt es an der Wurster Nordseeküste selbstverständlich auch Grünkohl. Die Küchenchefs der „Börse" kombinieren das Wintergemüse u. a. mit zartesten Rinderbäckchen, als Vorspeise wird Grünkohl-Quiche kredenzt. Ein Traum von einer Kohlfahrt, wenn man nach einem Spaziergang auf dem Nordseedeich in die warme und gemütliche Gaststube einkehren kann.

Restaurant Zur Börse
In der Langen Straße 22
27638 Wremen (Wurster Nordseeküste)
Tel. 04705 12 77
www.zur-boerse.de

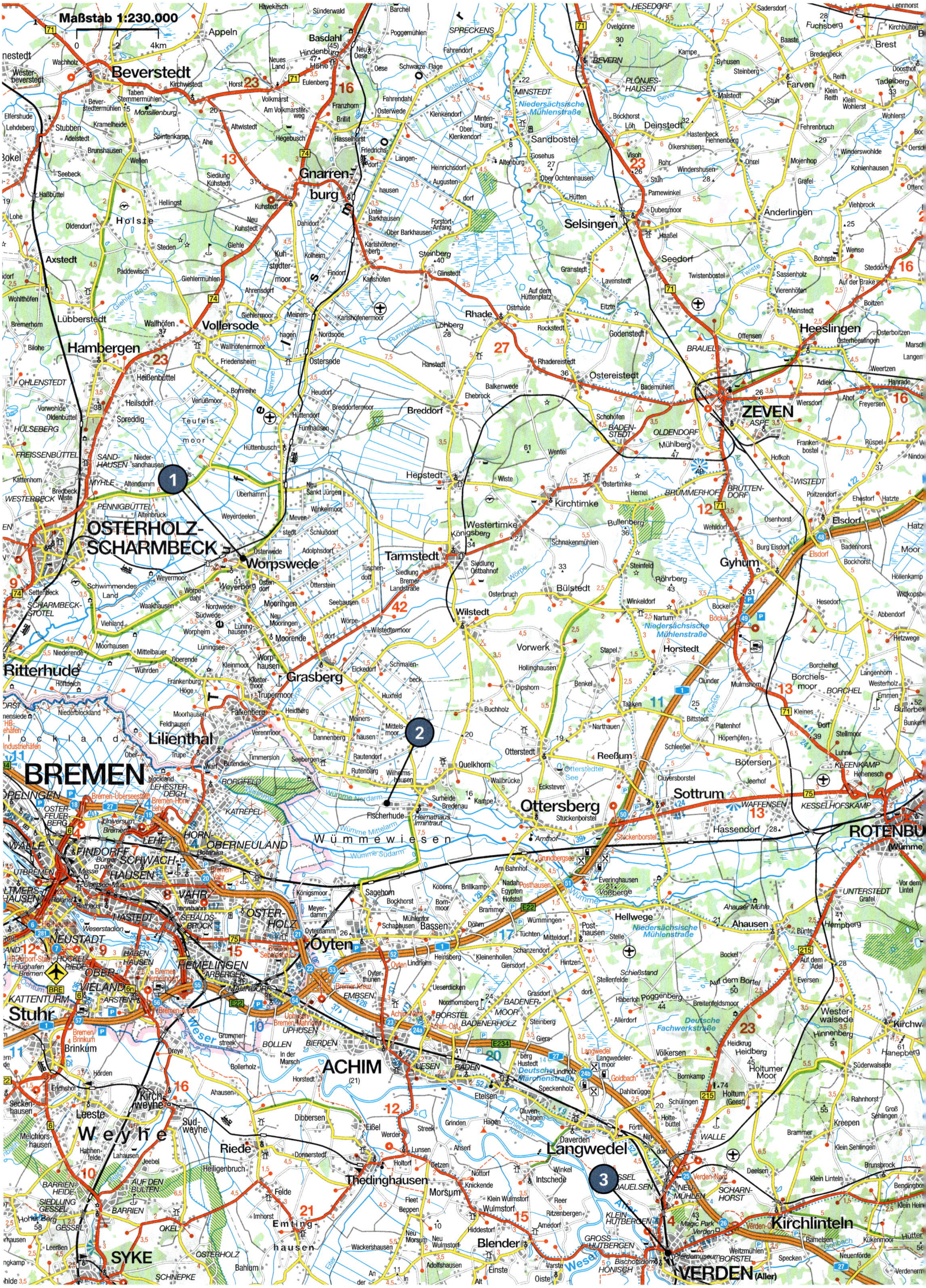
Maßstab 1:230.000
0
2
4km
1
2
3
Beverstedt
Appeln
Basdahl
Hipstedt
Gnarrenburg
Axstedt
Hambergen
Lübberstedt
Vollersode
Osterholz-Scharmbeck
Worpswede
Ritterhude
Lilienthal
Grasberg
Tarmstedt
Wilstedt
Breddorf
Rhade
Selsingen
Sandbostel
Deinstedt
Farven
Brest
Anderlingen
Heeslingen
Zeven
Ostereistedt
Kirchtimke
Hepstedt
Westertimke
Gyhum
Elsdorf
Sottrum
Rotenburg
Ottersberg
Fischerhude
Wümmewiesen
Reeßum
Hellwege
Ahausen
Bremen
Stuhr
Weyhe
Achim
Oyten
Bassen
Langwedel
Thedinghausen
Riede
Syke
Blender
Kirchlinteln
Verden (Aller)
Emtinghausen
Morsum
Niedersächsische Mühlenstraße
Deutsche Fachwerkstraße
Teufelsmoor
Holste
Weser
Wümme
Oste

# Lebendige Kultur im Moor

*Die Moore an Hamme und Wümme sind längst trockengelegt, und statt der Moorkolonisten machte eine Künstlerkolonie Worpswede berühmt. Rund um den Weyerberg siedelten sich im späten 19. Jahrhundert junge Maler und Bildhauer an, fasziniert von der spröden norddeutschen Landschaft.*

## 1 Worpswede

**Worpswede** TOPZIEL (9000 Einw.) war bis zum Ende des 19. Jh. ein kleines unbedeutendes Moordorf – bis sich 1889 die Künstlerkolonie Worpswede gründete. Maler wie Fritz Mackensen und Heinrich Vogeler, aber auch Paula Modersohn-Becker, eine der wichtigsten Vertreterinnen des frühen Expressionismus in Deutschland, verliebten sich in die archaische Bauernlandschaft und in das besondere Licht unter dem extrem weiten Himmel. Heute zieht der Erholungsort Worpswede am 54 m hohen Weyerberg durch zahlreiche Galerien und Museen Tausende von Kunstfreunden an. In der Hammeniederung, einem der letzten bedeutenden Feuchtgebiete Nordwestdeutschlands und zudem wichtiger Rast- und Brutplatz für zahlreiche Vogelarten, wie auch im nahe gelegenen Teufelsmoor lassen sich herrliche Spaziergänge durch die norddeutsche Bilderbuchlandschaft machen. In urigen Bauerngasthöfen genießt man hier Spezialitäten wie Knipp.

### Tipp

### Blumenpflücken verboten

Blumenpflücken war schon während der Jungfernfahrt 1909 im Moorexpress verboten – und ist es auch heute wieder, wenn die historischen Waggons des Moorexpress in der Zeit von Mai bis Oktober durch das Land zwischen Elbe und Weser rumpeln. Wahrlich nicht im Express-Tempo rollen die markanten roten Waggons von Bremen u. a. über Worpswede nach Stade. Die Fahrradmitnahme ist möglich, sollte aber vorher angemeldet werden. Infos zu den Fahrplänen, der Audioführung und dem Service an Bord findet man unter:

www.evb-elbe-weser.de, Menüpunkt „Moorexpress"

*Worpswede: Haus im Schluh (oben links) mit Heinnrich-Vogeler-Sammlung und „Bonze des Humors" (oben rechts) von Bernhard Hoetger.*

#### SEHENSWERT

Die Kunstmeile Worpswedes ist die **Bergstraße.** Hier befinden sich die meisten Museen und Galerien. Ein Abstecher zum 1920 errichten **Haus im Schluh** („im Sumpf") und zum nach 1895 im Jugendstil umgebauten Bauernhof **Barkenhoff** („Birkenhof") ist geradezu Pflicht für Kunstliebhaber.
Etwas außerhalb liegt der Jugendstil-**Bahnhof Worpswede,** samt Ausstattung 1910 von Heinrich Vogeler entworfen und gebaut (heute Restaurant). Einen Spaziergang zum Weyerberg beginnt man am besten am „Kaffee Verrückt", wo man sich an der Skulptur „Bonze des Humors" erfreuen kann.

#### MUSEEN

Im Museumsverbund Worpswede haben sich mehrere Museen zusammengeschlossen. Dazu gehört die **Große Kunstschau,** in der Werke von den Gründern der Künstlerkolonie sowie zeitgenössische Kunst präsentiert werden (Lindenallee 5, Tel. 04792 13 02, www.grosse-kunstschau.de; April–Sept. tgl. 10.00–18.00, sonst Di.–So. 11.00–17.00 Uhr). Die **Worpsweder Kunsthalle** zeigt neben den Werken Worpsweder Künstler auch zeitgenössische Kunst und Kunsthandwerk (Bergstraße 17, Tel. 04792 12 77, www.worpswede-museen.de; tgl. 10.00–18.00 Uhr). Das **Haus im Schluh** präsentiert in zwei idyllisch umgebauten Niedersachsen-Häusern eine umfangreiche Heinrich-Vogeler-Sammlung (Im Schluh 35–37, Tel. 04792 5 22, www.worpswede-museen.de; Sommer Mo.–Fr. 14.00–18.00, Sa. und So. 11.00 bis 18.00, Winter Mo.–Fr. 14.00–17.00, Sa. und So. 11.00–17.00 Uhr).
Der **Barkenhoff** war bis 1923 das Wohn- und Arbeitshaus des Malers, Designers und Architekten Heinrich Vogeler und das kreative Zentrum der Künstlerkolonie (Ostendorfer Straße 10, Tel. 04792 39 68, www.barkenhoff-stiftung.de; tgl. 10.00–18.00 Uhr).
Das **Museum am Modersohn-Haus** zeigt überwiegend die Werke der Worpsweder Meister (Hembergstraße 19, Tel. 04792 47 77, www.museum-modersohn.de; April–Okt. tgl. 10.00 bis 18.00 Uhr).

Die 1926 vom Architekten Bruno Taut erbaute kuppelartige **Käseglocke** (1926) ist ein kleines Gesamtkunstwerk und beherbergt ein Museum für Kunsthandwerk (Lindenallee, Tel. 04792 95 05 05, www.freunde-worpswedes.de; Sommer Di.–So. 11.00–17.00, Winter Di.–So. 11.00 bis 16.00 Uhr, Jan. geschl.).

### ERLEBEN

Der **Moorexpress** fährt in den Sommermonaten an Wochenenden und Feiertagen mit Halt in Worpswede (siehe Tipp; Fahrradmitnahme möglich). Von April bis Ende Okt. bietet die Tourist-Information Worpswede in Zusammenarbeit mit der Biologischen Station Osterholz geführte **Moorwanderungen** an.

### THEATER UND MUSIK

Die **Music Hall** holt seit Jahren Legenden verschiedenster Genres nach Worpswede. Künstler wie Konstantin Wecker, die Puhdys, Eric Burdon, John Mayall und Wishbone Ash, aber auch jüngere Künstler wie Sophie Hunger schätzen die „Wohnzimmeratmosphäre" (Findorffstraße 21, Tel. 04792 95 01 39, www.musichall-worpswede.de).

### HOTELS UND RESTAURANTS

In Nachbarschaft zum Barkenhoff liegen sowohl der **€ € € / € € Eichenhof** (Ostendorfer Straße 13, 27726 Worpswede, www.eichenhof-worpswede.de) als auch das **€ € / € Hotel Garni Buchenhof,** einst Wohnhaus des Worpsweder Künstlers Hans am Ende, eines Mitbegründers der Künstlerkolonie (Ostendorfer Straße 16, 27726 Worpswede, www.hotel-buchenhof.de). Das **€ € € / € € Kaffee Worpswede** lohnt schon wegen der Architektur des „Kaffee Verrückt"; doch Jens Kommerau setzt mit ambitionierter und raffinierter Küche noch einen oben drauf (Lindenallee 1, www.kaffee-worpswede.de). Regionaltypische Küche wird in der **€ € Hammehütte** in Neu Helgoland serviert, u. a. das traditionelle Knipp (Hammeweg 19, Worpswede Neu Helgoland, Tel. 04792 76 06, www.hammehuette.de).
Im Teufelsmoor bietet **€ € Tietjens Hütte** ebenfalls Spezialitäten der Region (Tietjens Hütte 1, Osterholz-Scharmbeck, Tel. 04791 9 82 95 60, www.tietjens-huette.de).

### VERANSTALTUNGEN

Zur Tradition der Region gehört das Kohl- und Pinkelessen in den Wintermonaten. Die zugehörige **Kohlfahrt** unternimmt man gerne im Kollegen-, Freundes- oder Sportlerkreis (s. Unsere Favoriten S. 110/111).
Einmal im Jahr (Juli) öffnen zahlreiche Künstler für ein langes Wochenende die Türen zu ihren **Ateliers.** Zudem werden über das ganze Jahr Kreativkurse in Malerei, Bildhauerei und Töpfern angeboten. Bei der **HammeNacht** im August fahren mit Lampions geschmückte Torfkähne in die Vollmondnacht. Der **Worpsweder Bauernmarkt** wird im September abgehalten. Noch jung ist die **Kunst- und Filmbiennale Worpswede** mit Film und Theater zu 100 Jahren Künstlerkolonie (Okt.; www.biennale-worpswede.de).

### UMGEBUNG

In **Augustendorf** (25 km nordwestl.) bekommen Besucher auf dem Historischen Moorhof einen Überblick über das harte Alltagsleben der Moorkolonisten (Augustendorf 11, Tel. 04763 74 94, www.landschaftsverband-stade.de; Mai–Sept. So. 14.00–18.00 Uhr).
Das **Huvenhoopsmoor** bei Gnarrenburg (mit Moorerlebnispfad und Moorturm) ist eines der letzten intakten Hochmoore und wichtiges Rast- und Brutgebiet für zahlreiche Vogelarten. Auch in **Ströhe** südl. Hambergen lässt sich in der Museumsanlage Moorkate viel über das Leben der früheren Moorbauern erfahren (Sandstraße 32a, Tel. 04793 12 01).
In **Osterholz-Scharmbeck** präsentiert das Norddeutsche Vogelmuseum rund 400 Exemplare der mitteleuropäischen Vogelwelt (Bördestraße 42, Tel. 04791 131 05, www.vogelmuseum.com; Sa. und. So. 10.00–17.00 Uhr).

### INFORMATION

Worpsweder Touristik- und Kulturmarketing, Bergstraße 13, 27726 Worpswede, Tel. 04792 93 58 20, www.worpswede.de
Touristikagentur Teufelsmoor-Worpswede-Unterweser, Osterholzer Straße 23, 27711 Osterholz-Scharmbeck, Tel. 04791 93 04 80, www.kulturland-teufelsmoor.de

*Von ganz eigenem Zauber: Wollgras aus dem Teufelsmoor*

*Gruß unter Kahnfahrern. Hochmoor Huvenhoopsmoor. Blick in die bäuerliche Vergangenheit: Diele im Haus Irmintraut in Fischerhude*

## 2 Fischerhude

Das Künstlerdorf (3000 Einw.), zwischen mäandernden Wümmearmen gelegen, ist ein kleines Gesamtkunstwerk und lockt mit zahlreichen Cafés, Restaurants und Galerien. Fischerhude, 1124 erwähnt, ist ein beliebtes Ausflugsziel der Bremer und liegt am Wümme-Radweg sowie am Radfernweg Bremen – Hamburg.

### MUSEEN

Das **Otto-Modersohn-Museum** widmet sich dem Werk des Landschaftsmalers (In der Bredenau 95, Tel. 04293 3 28, www.modersohn-museum.de; tgl. 10.00–18.00 Uhr). Das **Heimathaus Irmintraut** gibt einen Einblick in das bäuerliche Leben von „anno dazumal" (Kirchstraße 2, Tel. 04293 71 86; Di.–So. 11.00 bis 13.00 und 15.00–17.00 Uhr).

### RESTAURANTS UND CAFÉS

**€ € Körbers Gasthof** serviert schmackhafte regionale Gerichte (Im Krummen Ort 1, www.koerbersgasthof.de). Leckere Kuchenspezialitäten gibt es im Café in **Brettmanns Hof** (Im Krummen Ort 5, Tel. 04293 78 98 48) und im Café im **Rilke-Haus** (In der Bredenau 81, Tel. 04293 1385).

## 3 Verden

In Verden (26 000 Einw.) dreht sich nicht alles, aber doch vieles um den Pferdesport und die Pferdezucht, seit die örtliche Garnison hier im

19. Jh. begann, Militärpferde zu züchten. In der Niedersachsenhalle finden international beachtete Hannoveraner-Auktionen statt. Und so trägt die Kreisstadt nicht von ungefähr den Beinamen „Reiterstadt".
782 soll Karl der Große hier das Verdener Blutgericht vollzogen haben, bei dem angeblich 4500 Sachsen den Tod fanden, weil sie sich nicht den Franken unterwerfen wollten; an das Ereignis erinnert der Sachsenhain am Stadtrand.

### SEHENSWERT

Weithin zu sehen und stadtbildbestimmend ist der dreischiffige romanisch-gotische **Dom** (Urspr. 12./13. Jh.), eine Hallenkirche mit Umgangschor und einzige gotische Bischofskirche in Niedersachsen. Von ansprechendem Fachwerk gesäumt, zieht sich die **Große Straße** durch die Altstadt.

### MUSEUM

Verden ist Sitz des breit informierenden **Deutschen Pferdemuseums** (Holzmarkt 9, Tel. 04231 80 71 40, www.dpm-verden.de; Di.–So. 10.00–17.00 Uhr).

### ERLEBEN

Der **Magic Park Verden** entführt seine Gäste in die Welt der Zauberer und Magier sowie in die Welt der Märchen und Sagen (Heideweg 3, Tel. 04231 66 11 10, www.magicpark-verden.de; tgl. 9.30–18.00 Uhr).
Spannend ist ein Besuch im **Wolfcenter** südl. von Verden in Dörverden-Barme (Kasernenstraße 2, www.wolfcenter.de; Mitte März–Okt. Mi.–So. 10.00–19.00 Uhr, in den niedersächsischen Ferien tgl.).
Die Attraktion Bruchhausen-Vilsens (ca. 40 km südl. von Bremen) ist die älteste **Museumseisenbahn** Deutschlands (www.museumseisenbahn.de). Gute Küche bietet dort das **€ € € Forsthaus Heiligenberg** (www.forsthaus-heiligenberg.de).

### VERANSTALTUNGEN

Anfang Juni wird die **Verdener Domweih** gefeiert. Alljährlich finden mehrere **Pferdeauktionen** wie beispielsweise der Hengstmarkt statt (www.hannoveraner.de).

### RESTAURANT

Auch ohne Michelin-Stern, den Inhaber Wolfgang Pade freiwillig abgegeben hat, sind die Leistungen von **€ € € / € € Pades Restaurant** überaus ansprechend (Grüne Straße 15, www.pades.de).

### EINKAUFEN

Das größte Einkaufszentrum Norddeutschlands wurde 1910 als Gemischtwarenladen eröffnet. Heute shoppen bei Dodenhof (www.dodenhof.de) in **Posthausen** (18 km nördl.) jährlich mehr als 5 Mio. Kunden.

### INFORMATION

Tourist-Information, Große Straße 40, 27283 Verden, Tel. 04231 123 45, www.verden.de

Genießen Erleben Erfahren

DuMont Aktiv

## Touristen statt Torf

**Einst transportierten** zahlreiche Torfkähne mit ihren markanten rotbraunen Segeln den Torf aus der Teufelsmoor-Region über die verzweigten Wasserstraßen nach Bremen. Heute dienen die originalgetreuen Nachbauten dem Transport von Touristen.

**Entspannter kann man** die Flusslandschaft zwischen Worpswede und Bremen nicht erkunden. Die braunen Luggersegel knattern im Wind – wenn er denn mitspielt –, ansonsten tuckert der Diesel leise vor sich hin. Auf den Wiesen und Weiden zwischen Hamme, Wörpe und Wümme grasen die Schwarzbunten friedlich vor sich hin, majestätisch gleitet ein Fischreiher über die norddeutsche Bilderbuchlandschaft, nur ein paar aufgeregt schnatternde Enten scheinen sich gestört zu fühlen. Vollkommen übertrieben, denn mehr sanfter Tourismus geht nun wirklich kaum.

**Ab der Mitte** des 18. bis Anfang des 20. Jahrhunderts dienten die „Halb-Hunt-Kähne" – Hunt ist ein altes Flächen- und Volumenmaß – dem Transport des Torfs, des damals wichtigen Brennstoffs. Etwa 1700 von diesen Booten waren einst im Einsatz, die Wasserwege waren damals die bestbefahrenen „Straßen" in Richtung Bremen in dieser sumpfigen Gegend. Heute sind rund 20 originalgetreu nachgebaute Torfkähne unterwegs. Die Torfschiffer in traditionellem Outfit haben reichlich „Dönekes" von anno dazumal zu erzählen, aber auch Wissenswertes über die Geschichte und die Besonderheiten dieser Naturlandschaft.

**Weitere Informationen**

**Buchung:** Mitte April/Anfang Mai bis Anfang Oktober. Die Touren starten an der Hammehütte in Neu-Helgoland bei Worpswede, in Ritterhude, am Torfhafen im Bremer Stadtteil Findorff und am Osterholzer Hafen.

**Internet:** www.worpswede.de
www.torfkahnfahrt.de
www.teufelsmoor.de
www.torfkahnschiffer-ohz.de

*Den Torfkahnschiffern ist daran gelegen, Traditionen rund um die Kahnfahrten, aber auch Landschaft und Kulturhistorisches nahezubringen.*

*Pure Vielfalt: Lebendiges Zentrum in Bremen mit Marktplatz und Rathaus, Ruhe und schier endlose Weite des Wattenmeeres in Cuxhaven.*

# Service

*Keine Reise ohne Planung. Auf den folgenden Seiten haben wir für Sie Wissenswertes und wichtige Informationen für Ihren Urlaub in der Region Elbe/Weser zusammengefasst.*

## Anreise

**Mit dem Auto:** Bremen erreicht man über die A 27 oder über die A 1 bzw. aus Westen kommend über die A 28. In Richtung Bremerhaven und Cuxhaven fährt man auf der A 27 östlich an Bremen vorbei immer Richtung Norden. Der Wesertunnel verbindet den Landkreis Wesermarsch mit dem Landkreis Cuxhaven. Ins Alte Land und ins Kehdinger Land gelangt man über die A 7 Richtung Hamburg, weiter auf der B 73 und A 26 über Buxtehude nach Stade. Aus Richtung Bremen fährt man auf der A 1 und ab der Abfahrt Rade/Neu Wulmstorf weiter auf der B 3, der B 73 und der A 26 nach Stade. Wer von Cuxhaven aus ins Alte Land reisen möchte, nimmt die B 73 in Richtung Stade. Worpswede liegt 25 bis 30 km nordöstl. von Bremen; man erreicht die Künstlerkolonie über die A 27 Richtung Bremerhaven, Ausfahrt 17 am Kreuz Bremen-Industriehäfen. In Bremen dürfen nur Pkw mit einer grünen Umweltplakette die ausgewiesenen Zonen rund um die Altstadt und in der Neustadt anfahren.

**Mit Bahn und Bus:** Die günstigste Alternative für Fahrten in der Elbe-Weser-Region ist das Niedersachsen-Ticket der DB (derzeit 23 €, plus 4 € je Mitfahrer), mit dem bis zu fünf Personen in den Nahverkehrszügen und in fast allen Linienbussen quer durch Niedersachsen reisen können – inklusive des öffentlichen Nahverkehrs in den Städten (Informationen unter www.bahn.de oder Tel. *0180 6 99 66 33, 0,20 €/Min. aus dem Festnetz, mobil max. 0,60 €/Min.). Bremen erreicht man ansonsten mit den Fernzügen der DB, aber auch mit dem Metronom und den Regionalzügen der NordWestBahn (www.nordwestbahn.de). Inzwischen gelangt man natürlich auch mit diversen und oft sehr günstigen Fernbussen (www.flixbus.de) in den Norden.
Wer mit der Bahn nach Cuxhaven reisen möchte, muss in Bremerhaven-Lehe umsteigen. Stade erreicht man mit dem Metronom in knapp einer Stunde von Cuxhaven aus. Regionalzüge und S-Bahnen steuern die Hansestadt über Hamburg-Harburg an. In der Region bewegt man sich ohne eigenes Fahrzeug ansonsten mit den Bussen und Bahnen der regionalen Eisenbahnen- und Verkehrsbetriebe Elbe-Weser (www.evb-elbe-weser.de).

**Mit dem Schiff:** Von Bremen nach Bremerhaven und retour verkehren in der Saison die Schiffe der Hal-över-Flotte (www.hal-oever.de). Bremerhaven ist zudem von Nordenham-Blexen aus mit der Weserfähre zu erreichen (www.weserfaehre.de). Bei Wischhafen überquert die Elbfähre den Strom Richtung Glückstadt (www.elbfaehre.de), und auch zwischen Cuxhaven und Brunsbüttel verkehren tgl. 7–9 mal Elbfähren (www.elb-link.de).

**Mit dem Flugzeug:** Der Flughafen Bremen (www.airport-bremen.de) wird von mehreren deutschen Städten aus angeflogen. Bis in die Innenstadt sind es lediglich 5 km. Die Alternative für Flugreisende, insbesondere ins Alte Land, nach Kehdingen oder nach Cuxhaven ist der Hamburger Flughafen (www.hamburg-airport.de).

## Auskunft

Für die einzelnen Regionen sind jeweils verschiedene Touristikbüros zuständig.

**Bremen:**
Bremer Touristik-Zentrale,
Findorffstraße 105, 28215 Bremen,
Tel. 0421 3 08 00 10,
www.bremen-tourismus.de
Für Publikumsverkehr:
Tourist-Information City, Langenstraße 2/Marktplatz, und am Hauptbahnhof.

**Altes Land**
Tourismusverein Altes Land,
Osterjork 10, 21635 Jork,
Tel. 04162 91 47 55,
www.tourismus-altesland.de

**Bremerhaven**
Tourist-Information
Hafeninsel, H.-H.-Meier-Straße 6,
27568 Bremerhaven, Tel. 0471 94 64 61 20,
www.bremerhaven.de

**Cuxhaven**
Cuxland-Tourismus,
Cuxhavener Straße 92,
27476 Cuxhaven, Tel. 04721 40 42 00,
www.cuxhaven-tours.de

**Helgoland**
Helgoland Touristik,
Lung Wai 28, 27498 Helgoland,
Tel. 04725 20 67 99, www.helgoland.de

**Stade**
Stade Tourismus,
Hansestraße 16, 21682 Stade,
Tel. 04141 40 91 70, www.stade-tourismus.de

STERNHAGEN

*Das Herz von Kunstfreunden schlägt höher in Worpswede, wo Idylle nicht nur auf den Bildern der Künstler begeistert.*

**Teufelsmoor**
Touristikagentur Teufelsmoor-Worpswede-Unterweser,
Osterholzer Straße 23,
27711 Osterholz-Scharmbeck,
Tel. 04791 93 04 80,
www.kulturland-teufelsmoor.de

**Worpswede**
Worpsweder Touristik- und Kulturmarketing, Bergstraße 13,
27726 Worpswede, Tel. 04792 93 58 20,
www.worpswede-touristik.de

**Wurster Nordseeküste**
Kurverwaltung Wurster Nordseeküste,
Am Kutterhafen 3, 27632 Dorum,
Tel. 04741 96 00,
www.wursternordseekueste.de

## Camping

**Camping:** In der Stadt Bremen selbst gibt es einen Campingplatz (www.hansecamping.de), im Großraum Bremerhaven immerhin ein halbes Dutzend. An der Nordseeküste, insbesondere im Cuxland, befinden sich Campingplätze

Info

## Geschichte

**3. Jt. v. Chr.:** Großsteingräber u. a. in Osterholz und Wildeshausen belegen die dauerhafte Besiedlung in der Region.
**3. Jh. v. Chr.:** Germanischstämmige Chauken siedeln in dem Gebiet zwischen Elbe und Weser.
**780:** Karl der Große beauftragt Willehad mit der Missionierung des heidnischen Wigmodi, dessen Hauptort Bremen ist.
**782:** Bremen wird erstmals erwähnt und 787 Bischofssitz.
**888:** Bremen erhält Markt-, Münz- und Zollrecht vom fränkischen König Arnulf.
**994:** Stade wird erstmals erwähnt und erhält 1209 Stadtrecht.
**1035:** Der Bremer Freimarkt findet zum ersten Mal statt.
**1219:** Die Erste Marcellusflut gilt als besonders verheerend. Die bislang höchsten Pegel erreichte die Erste Januarflut 1976.
**1260:** Bremen wird Mitglied der Hanse (ein zweites Mal 1358). Stade folgt 1279.
**1363:** Buxtehude wird Mitglied der Hanse.
**1404:** Anstelle des hölzernen Rolands, der einem Brand zum Opfer fiel, wird der steinerne Roland errichtet.
**1522:** Beginn der Reformation in Bremen.
**1545:** Gründung des „Hauses Seefahrt" und Beginn der Schaffermahlzeit.
**1646:** Bremen wird Freie Reichsstadt.
**1648:** Im Zuge des Westfälischen Friedens fällt das Herzogtum Bremen an Schweden, bleibt aber Kaiserliche Freie Reichs- und Hansestadt.
**1659:** Ein Großbrand vernichtet weite Teile Stades.
**1806:** Auflösung des Heiligen Römischen Reiches Deutscher Nation. Bremen wird Freistaat und nennt sich Freie Hansestadt.
**1815:** Bremen wird souveränes Mitglied im Deutschen Bund.
**1816:** Amandus August Abendroth gründet als hamburgischer Ritzebütteler Amtmann das Seebad Cuxhaven nach britischem Vorbild.
**1827:** Bremens Bürgermeister Johann Smidt kauft dem Königreich Hannover ein Areal ab, um Bremerhaven zu gründen.
**1871:** Die Freie Hansestadt Bremen wird Bundesstaat des Deutschen Reichs.
**1907:** Cuxhaven erhält das Stadtrecht.
**1939–1945:** Während des Zweiten Weltkriegs werden 62 % des Bremer Stadtgebiets zerstört, die Häfen zu 90 %, Bremerhavens Zentrum gar zu 97 %.
**1947:** Das von Großbritannien besetzte Helgoland übersteht die größte nicht nukleare Sprengung der Geschichte.
**1949:** Die Freie Hansestadt Bremen (mit Bremerhaven) wird Bundesland der neu gegründeten Bundesrepublik Deutschland.
**1971:** Eröffnung der Bremer Universität.
**1972:** Das Atomkraftwerk Stade geht ans Netz. Nach Stilllegung 2003 Beginn des phasenweisen Rückbaus.
**1979:** Mit der Bremer Grünen Liste zieht die „Ökopartei" erstmals in Deutschland in ein Landesparlament ein.
**1980:** Gründung des Alfred-Wegener-Instituts (AWI) für Polar- und Meeresforschung in Bremerhaven.
**1983:** Das Werftensterben in Bremen und Bremerhaven beginnt mit der Schließung der AG Weser, 1986 folgt die Rickmerswerft in Bremerhaven und 1997 die Vulkanwerft in Bremen-Vegesack.
**1986:** Erstmals findet in Bremerhaven die „Sail" statt, eine der größten Windjammer-Paraden der Welt.
**2000:** Eröffnung des Wissenschaftscenters Universum in Bremen.
**2003:** Bremens Senat verabschiedet den „Masterplan Überseestadt".
**2004:** Bremens Rathaus und der Roland werden von der UNESCO zum Weltkulturerbe ernannt. Der Fußballverein Werder Bremen holt das „Double" aus Meisterschaft und DFB-Pokal.
**2009:** Das Niedersächsische Wattenmeer an der Nordseeküste wird UNESCO-Weltnaturerbe, zwei Jahre später erweitert um das Hamburgische Wattenmeer.
**2010:** Das CT Bremerhaven wird als größtes zusammenhängendes Containerterminal der Welt ins Guinnessbuch der Rekorde eingetragen.
**2011:** Bei einer Volksbefragung lehnen die Bewohner Helgolands mehrheitlich eine künstliche Inselvergrößerung ab.
**2016:** Im April verstirbt der langjährige Bremer Bürgermeister Hans Koschnick.

DIE GRÜNE ERLEBNIS-WELT
ENTDECKEN SIE
die neue botanika
PFLANZEN. TIERE.
ASIEN. VIELFALT.
WWW.BOTANIKA-BREMEN.DE

ÜBERSEE
MUSEUM
BREMEN
www.uebersee-museum.de
Faszination.
Ferne.
Asien. Ozeanien. Afrika. Amerika.
BREMEN
ERLEBEN!

Geschichte der
Lüneburger Heide genießen!
Freilichtmuseum
am Kiekeberg.
unter 18 Jahren
EINTRITT FREI
Landleben früher:
▸ über 40 historische Bauernhäuser und Gärten
▸ alte Viehrassen
▸ viele Vorführungen und Veranstaltungen
ganzjährig geöffnet
www.kiekeberg-museum.de
(0 40) 79 01 76-0
Nähe A7 und A1, kostenfreie Parkplätze
FREILICHT MUSEUM am KIEKEBERG

Buxtehude•Museum
für Regionalgeschichte und Kunst
Stavenort 2 • 21614 Buxtehude
Di-Fr 14-17 Uhr • Sa+So 11-17 Uhr
Tel.: 04161 / 501-2333
www.buxtehudemuseum.de

Auf dem Oste-Radweg
von Tostedt bis zur Elbe
Lust auf Osteland
Karten und Infos beim
Touristikbüro der Börde Sittensen
Am Markt 11 • 27419 Sittensen
Touristik@SG.Sittensen.de

Gemeinde
Seevetal
... ganz auf meiner Welle.
Zwischen Elbe und Heide am Südrand Hamburgs liegt die Gemeinde Seevetal. Erkunden Sie die reizvolle Landschaft auf dem weitläufigen Rad- und Wanderwegenetz und entdecken Sie sehenswerte Ziele, wie die Stiftskirche in Ramelsloh oder die Feldsteinkirche in Hittfeld. Oder Sie nutzen das großes Freizeitangebot von Wassersport bis zu Golf, Tennis oder Reiten.
© Inge Gebert
Auch ganz auf Ihrer Welle.
Mehr Information über die Gemeinde Seevetal unter
Telefon 04105 55-0 oder www.seevetal.de

*Wunderbares Wattenmeer vor Cuxhaven und prachtvolle Apfelblüte im Alten Land*

*Die Torfschiffer in der Teufelsmoor-Region bringen heute die Touristen auf nachgebauten Kähnen in die Region.*

in Hülle und Fülle. Einzelheiten dazu gibt es bei den Tourist-Informationen und unter www.camping.info.
Zudem stehen reichlich Stellplätze für Wohnmobilisten im Elbe-Weser-Dreieck zur Verfügung (www.stellplatzfuehrer.de).

## Essen und Trinken

Jeden Tag wird in Bremerhaven und Cuxhaven tonnenweise frischer **Fisch und Meeresgetier** angeliefert. Wen wundert es da also, dass Fischgerichte in allen erdenklichen Variationen auf den Speisekarten der Region präsent sind. Als Spezialität gelten neben **Granat** (Krabben) und **Matjes** die **Räucherfische** an Elbe und Unterweser sowie der **Stint,** der im Februar und März Saison hat und äußerst schmackhaft ist – auch wenn der intensive Geruch nach grünen Gurken den einen oder anderen verwirren dürfte.
In der Wintersaison ist die komplette Region unterwegs auf Kohl-und-Pinkel-Tour (siehe Unsere Favoriten, S. 110/111). Was sich zugegebenermaßen etwas unappetitlich anhört, ist eine der norddeutschen Spezialitäten schlechthin. **Grünkohl** – rund um Bremen Braunkohl genannt – wird mit Kochwurst und **Pinkel,** einer regional unterschiedlich zubereiteten Grützwurst, sowie Kartoffeln, Kassler und/oder Bauchspeck serviert. Während bei der traditionellen Schaffermahlzeit im Bremer Rathaus ein schwerer Bordeaux zum Kohl gereicht wird, trinkt der gemeine Kohlfahrer dazu in der Regel ein heimisches Bier (am liebsten ein Beck's, auch wenn die Bremer Weltmarke längst von einem internationalen Konzern geschluckt wurde). **Knipp,** wie der Pinkel ein Gericht aus Fleisch und Grütze, war einst ein Arme-Leute-Essen; heute wird die regionale Spezialität in den Landgasthöfen des Elbe-Weser-Dreiecks mit Bratkartoffeln, sauren Gurken und bisweilen Roter Beete serviert.
Ebenfalls häufig im Angebot ist das traditionelle Seefahrergericht **Labskaus** aus pürierten Kartoffeln, Roter Beete, sauren Gurken, Spiegelei und saurem Hering.
Als Bremer Spezialität gilt allgemein Bremer **Kükenragout,** ein Gericht aus jungen Stubenküken (oft auch Hähnchenbrustfilet), das mit Rinder- oder Kalbszunge sowie mit Krabben und Krebsfleisch serviert wird; fragt man allerdings eingefleischte Bremer, so dürfte höchstens jeder Zehnte das Gericht schon einmal gegessen haben.
In der Saison gibt es in der gesamten Region leckeren **Spargel,** eine Besonderheit der Wurster Nordseeküste ist der **Röhrkohl,** der in den Salzwiesen wächst, ein wenig wie Schnittlauch aussieht und etwas nach Koriander schmeckt.
Wer auf Süßes steht, der sollte den **Bremer Babbeler,** eine beispielsweise auf dem Freimarkt verkaufte pfefferminzhaltige Zuckerstange, oder auch die **Bremer Kluten,** zur Hälfte in Schokolade getauchte Pfefferminz-Fondantstangen, probieren.
Zur Vorweihnachtszeit gehört unbedingt der Bremer **Klaben,** ein stollenartiges Hefegebäck mit vielen Rosinen.
Als Dessert wird in der gesamten Region häufig **Rote Grütze** serviert, zumeist mit Vanillesauce, bisweilen mit Eis.

## Hotels

### Preiskategorien

| | | |
|---|---|---|
| € € € € | Doppelzimmer | über 200 € |
| € € € | Doppelzimmer | 150 – 200 € |
| € € | Doppelzimmer | 100 – 150 € |
| € | Doppelzimmer | 50 – 100 € |

Es steht in dieser Region die ganze Bandbreite an Hotels zur Verfügung: von Luxus bis zur einfachen charmanten Bleibe. Eine Auswahl an empfehlenswerten Hotels und Pensionen ist auf den Infoseiten zu finden.

## Jugendherbergen

Die Bremer Jugendherberge liegt direkt am Weserufer, nur ein paar Schritte von der Innenstadt entfernt (Kalkstraße 6, Tel. 0421 16 38 20, www.jugendherberge.de); zusätzlich stehen 30 Kojen auf dem Gästeschiff „Die Weser" zur Verfügung.
Weitere Jugendherbergen befinden sich in Cuxhaven-Duhnen, Stade, Otterndorf, in der Wingst, in Wüstewohlde bei Bad Bederkesa, in Worpswede und in Zeven. Informationen über den Landesverband Unterweser-Ems bei:
Deutsches Jugendherbergswerk,
Woltmershauser Allee 8,
28199 Bremen, Tel. 0421 59 83 00,
http://nordwesten.jugendherberge.de

## Öffentlicher Nahverkehr

**Bus und Bahn:** Die meisten Sehenswürdigkeiten in Bremen sind gut mit Bus und Straßenbahn zu erreichen (www.bsag.de). In Planung ist ein regelmäßig verkehrendes Wassertaxi auf der Weser.
**Fähren:** Zwischen Osterdeich (Höhe Sielwall) und dem Café Sand auf der Neustadt-Seite verkehrt die Sielwallfähre. In Bremen Nord pendeln die Fähren Vegesack – Lemwerder, Blumenthal – Motzen und Farge – Berne. Noch weiter nördlich schippert die Fähre Sandstedt – Brake (www.faehren-bremen.de) über den Fluss, und von Bremerhaven aus gelangt man ans Westufer der Weser mit der Fähre Bremerhaven – Blexen (www.weser-faehre.de).
**Fahrrad:** Ansonsten ist Bremen eine Radfahrer-Stadt; wer seinen eigenen Drahtesel nicht mitbringen will, der kann u. a. an der Radstation am Hauptbahnhof Räder mieten (www.adfc-bremen.de).

## Reisezeit

Die Städte in der Elbe-Weser-Region, allen voran Bremen, kann man natürlich ganzjährig besuchen, muss aber außerhalb der Sommermonate schon mal mit typisch norddeutschem

Ihr Spezialist für
Elbe und Weser
Rückenwind
Erlebnisreisen mit dem Rad
www.rueckenwind.de · Tel. 0441/485 97-0

→ www.cuxland.de
Foto: Thinkstock
Cuxland
CUXLAND
Urlaubsland zwischen Nordsee, Elbe und Weser.
Urlaub im Cuxland bedeutet maritimes Flair, idyllische Landschaften, radfahren, ausgiebige Spaziergänge und vieles mehr!
Informieren Sie sich über Ihr Urlaubserlebnis unter: → www.cuxland.de

NATUREUM
Niederelbe
Neuenhof 8 | 21730 Balje | 0 47 53 - 84 21 10 | www.natureum-niederelbe.de

Worpswede und das Teufelsmoor
Kunst, Kultur und Landschaft
für Genießer auf zwei Rädern
kulturland
teufelsmoor
www.kulturland-teufelsmoor.de

Kunst · Landschaft · Lebensort
worpswede
das künstlerdorf
www.worpswede.de

*Maritim durch und durch: Luxusschiffbau in Vegesack, Matjestage in Bremerhaven*

*Die Kunsthalle Bremen, die eine umfassende Sammlung birgt, im Abendlicht*

„Schmuddelwetter“ rechnen. Bremen ist in der Vorweihnachtszeit ein beliebtes Reiseziel, zählt der Weihnachtsmarkt in der Altstadt doch zu den schönsten in ganz Deutschland. Das Alte Land ist besonders reizvoll zur Kirschblüte Ende April/Anf. Mai oder zur Apfelblüte im Mai.

## Restaurants

### Preiskategorien

| | | | |
|---|---|---|---|
| **€€€€** | Hauptspeisen | über 20 | € |
| **€€€** | Hauptspeisen | 15–20 | € |
| **€€** | Hauptspeisen | 10–15 | € |
| **€** | Hauptspeisen | 5–10 | € |

Das Angebot der Restaurants in der Region reicht von einfacher, schmackhafter Landküche bis zur Gourmetklasse. Eine Auswahl an empfehlenswerten Restaurants ist auf den Infoseiten zu finden, aber siehe auch Unsere Favoriten S. 110/111.
In Bremen findet man eine breite Palette an empfehlenswerten Restaurants, auch wenn in den vergangenen Jahren sämtliche Sterne der Spitzengastronomie in der Hansestadt verglüht sind. Entweder haben die Küchenchefs ihre Sterne freiwillig abgegeben, die Restaurants zugemacht oder aber die Küchenleistungen den gestrengen Testern nicht mehr genügt. Das Top-Restaurant im Elbe-Weser-Dreieck ist das „Sterneck“ im Cuxhavener Badhotel Sternhagen mit dem Team um Marc Rennhack, über dem noch zwei Michelin-Sterne strahlen.

## Souvenirs

Aus Bremen bietet sich als Mitbringsel für die Lieben daheim – oder als Erinnerung für sich selbst – zunächst Kaffee oder Tee an, samt Pott, daneben Süßes (siehe „Essen und Trinken“) – oder auch die Bremer Stadtmusikanten, die in vielerlei Form zu erhalten sind. T-Shirts mit Bremen-Aufdruck oder auch Werder-Schals sind das Richtige bei „echten“ Fans. An die Havenwelten in Bremerhaven erinnern u. a. Feuerzeuge, an die Sail Bremerhaven zum Beispiel der Aufdruck auf einem Becher. Aus dem Alten Land sollte man natürlich Äpfel oder anderes Obst mitbringen.

## Sport und Freizeit

**Baden und Tauchen:** Wenn das Wasser denn mal da ist, dann sind die Strände im Cuxland natürlich die erste Adresse für Wasserratten. In Bremen wird u. a. im Unisee, im Waller Feldmarksee, im Werdersee oder im Mahndorfer See gebadet, sogar in der Weser (u. a. am „Café Sand“, aber auch an den Stränden in Bremen-Nord) kann man inzwischen wieder bedenkenlos herumplantschen. Weitere beliebte Badestellen in der Region sind der Flögelner See,

Info

## Daten & Fakten

**Geografische Lage:** Bremen und Bremerhaven liegen an der Weser; Bremen rund 55 km stromaufwärts von Bremerhaven. Cuxhaven liegt rund 35 km nördlich von Bremerhaven an der Elbmündung. Das Alte Land und Kehdingen westlich des Cuxlandes werden im Norden von der Elbe begrenzt. Während die Insel Neuwerk vor Cuxhaven zum Bezirk Hamburg-Mitte gehört, zählt Helgoland, Deutschlands einzige Hochseeinsel in der Deutschen Bucht, politisch zum schleswig-holsteinischen Pinneberg.
**Bevölkerung:** Die Freie Hansestadt Bremen bildet gemeinsam mit Bremerhaven als „Zwei-Städte-Staat“ das kleinste Bundesland Deutschlands (zus. rd. 657 000 Einw.; Bremen rd. 551 000, Bremerhaven rd. 119 000 Einw.). Cuxhaven (50 000 Einw.), Stade (45 000), Buxtehude (40 000), Osterholz-Scharmbeck (30 000) und Verden (27 000). Zum Elbe-Weser-Dreieck, in dem inkl. des Bundeslandes Bremen rund 1,5 Mio. Menschen leben, zählen die niedersächsischen Landkreise Cuxhaven, Stade, Rotenburg, Verden und Osterholz. Der überwiegende Teil der Bevölkerung ist protestantischen Glaubens.
**Politik:** Bremen ist traditionell Hochburg der SPD. Der Stadtstaat wird seit Gründung der Bundesrepublik von den Sozialdemokraten regiert, lange Jahre mit der absoluten Mehrheit in der Bremer Bürgerschaft, die den Senat der Freien Hansestadt Bremen wählt. Seit 2007 wird Bremen von Rot-Grün regiert (auf Bürgermeister J. Böhrnsen folgte Carsten Sieling). In Bremerhaven bestimmen Stadtverordnetenversammlung und Magistrat die politischen Geschicke der Seestadt.
Das Wappen der Freien Hansestadt Bremen ziert seit 1366 ein Schlüssel, der auf den Himmelsschlüssel des Apostels Petrus zurückgehen soll.
**Wirtschaft und Tourismus:** Traditionell spielen Schifffahrt und Hafenwirtschaft eine große Rolle im Land Bremen. Das Werftensterben in den 1980er- und 1990er-Jahren zieht einen Strukturwandel nach sich: Das Güterverkehrszentrum (GVZ) – größtes seiner Art in Deutschland – und der Technologiepark rund um die Universität entstanden. In Bremen-Sebaldsbrück rollten seit 1978 mehr als 6 Mio. Pkw im zweitgrößten Mercedes-Werk der Republik vom Band. Das Containerterminal Bremerhaven zählt zu den größten und umschlagsstärksten der Welt. Das Autoterminal in der Seestadt ist Branchenführer in Europa; jährlich werden hier mehr als 2 Mio. Autos umgeschlagen. Zudem ist Bremerhaven Standort für die Off-Shore-Branche. Wichtiger Wirtschaftszweig in Bremerhaven, aber auch in Cuxhaven, ist die Fisch verarbeitende Industrie. Auch der Städtetourismus spielt eine wichtige Rolle.

der Bederkesaer See sowie die Badestrände auf der Weserinsel Harriersand und der Elbinsel Krautsand.
Der Kreidesee Hemmoor gilt als eines der interessantesten Reviere für Taucher in Norddeutschland.
**Golf:** Im Großraum Bremen stehen Golffreunden fast ein Dutzend Plätze zur Verfügung. Weitere Anlagen findet man bei Buxtehude, Cuxhaven, Bremerhaven, Sittensen und Bad Bederkesa (Informationen unter www.golf.de und www.1golf.eu).
**Radfahren:** Die schönsten Touren in und um Bremen lassen sich im Blockland entlang der Wümme machen. Ansonsten führen u. a. mit dem Aller-Radweg, dem Weser-Radweg, dem Radweg „Vom Teufelsmoor zum Wattenmeer" und dem Radweg Bremen – Hamburg mehrere Fernradwege sowie zahlreiche regionale (Themen-)Radrouten durch die überwiegend flache Norddeutsche Tiefebene. Dafür hat man insbesondere an der Küste bisweilen mit Gegenwind zu kämpfen (Infos unter www.radreise-service.de und www.esterbauer.com).
**Schlittschuhlaufen:** Die geflutete Semkenfahrt im Bremer Blockland verwandelt sich bei Frost in ein Dorado für „Kufenfreaks". Bei entsprechenden Witterungsbedingungen kann man auch auf Wümme und Hamme Schlittschuhtouren unternehmen. Unabhängig von den Außentemperaturen lässt sich sowohl im Paradice in Bremen (www.eissporthalle-bremen.de) als auch im Eisstadion Bremerhaven (www.eisstadion-bremerhaven.de) Schlittschuh laufen.
**Wandern/Joggen/Nordic Walking:** Ausgewiesene Routen für Wanderer und Nordic Walker sind vor allem in der Cuxhavener Küstenheide und an der Wurster Nordseeküste zu finden. Bremen verfügt über zwei gelenkschonende Finnbahnen (eine am Krähenberg, die andere im Stadtwald).
Nordseeurlaub ist ohne eine **Wattwanderung** fast undenkbar. Im gesamten Cuxland von Wremen bis Otterndorf bieten zahlreiche staatlich geprüfte Wattwanderer Exkursionen ins Weltnaturerbe Wattenmeer an (Einzelheiten bei den Tourist-Informationen).
**Wassersport:** In Bremen kann man nur einen Katzensprung vom Hauptbahnhof entfernt zu einer **Paddeltour** starten. Wümme, Hamme und Lesum sowie natürlich die Weser bieten Kanusportlern beste Bedingungen rund um die Hansestadt. Empfehlenswert sind auch Touren auf der Oste sowie der Este und der Hamme (siehe Unsere Favoriten, S. 52/53).
Die Spots schlechthin für **Kitesurfer** sind im Cuxland beim Marineturm in Sahlenburg oder in der Nähe der Kugelbake zu finden (Informationen unter www.cuxkite.de oder www.surfschule-cuxhaven.de). Auch **Windsurfer** fühlen sich an der Nordseeküste bei Cuxhaven, bei Otterndorf, in Spieka-Neufeld und an der Wurster Küste wohl. Ein beliebtes Ziel für Windsurfer ist zudem der Flögelner See nördlich von Bad Bederkesa.
**Wasserski-Sportler** und Wakeboarder sind in Neuhaus an der Oste bestens aufgehoben (Wasserski- und Wakeboarding Neuhaus/Oste, Seestraße, Tel. 04752 12 60, http://wasserski-neuhaus.de).
**Segler** schätzen die Nordsee, aber auch die Elbe und die Unterweser als interessantes, weil anspruchsvolles Revier, für das weitreichende Kenntnisse benötigt werden.

## Veranstaltungen

Die wichtigsten Feste und Veranstaltungen sind jeweils auf den Infoseiten zu finden.

## Wellness

Die **Oase Wellness Welt** bietet die ganze Wellness-Palette, von Massagen über verschiedene Anwendungen bis hin zu einer Saunalandschaft (www.oase-weserpark.de). Ein „Geheimtipp" ist die **Landsauna** in Lilienthal bei Bremen (www.landsauna.de). Ansonsten warten v. a. die Hotels an der Küste mit Spa- und Wellnessabteilungen auf.

*Auf die gemütliche Art: Eine Kutschfahrt über den Meeresboden, wie hier von Cuxhaven hinüber auf die beschauliche Insel Neuwerk.*

# Register

**Fette** Ziffern verweisen auf Abbildungen



## Impressum

**2. Auflage 2017**
© DuMont Reiseverlag, Ostfildern

**Verlag:** DuMont Reiseverlag, Postfach 3151, 73751 Ostfildern, Tel. 0711 45 02 0, Fax 0711 45 02 135, www.dumontreise.de
**Geschäftsführer:** Dr. Thomas Brinkmann, Dr. Stephanie Mair-Huydts
**Programmleitung:** Birgit Borowski
**Redaktion:** Christiane Wagner
**Text:** Sven Bremer, Bremen
**Exklusiv-Fotografie:** Toma Babovic, Bremen
**Titelbild:** Getty Images/Rüdiger Katterwe/EyeEm
**Zusätzliches Bildmaterial:** S. 8/9 mauritius images/imagebroker/Ralph Deseniß; 20/21 glowimages/Deposit Photos; 22 li. Duhner Watt e.V. (www.duhner-wattrennen.de); 23 o. li. Sabrina Adeline Nagel/www.fischereihafenrennen.de; 23 o. re. Sternkultur UG, www.breminale.de; 23 u. re. picture alliance/dpa/Ingo Wagner; 52 picture alliance/dpa/G. Franz; 53 o. li. glowimages/Wilfried Bahnmüller; 53 o. re. picture alliance/dpa/Michael Marczok; 53 u. li. www.ankes-kanuverleih.de; 53 u. re. laif/Christian Kaiser; 67 li. DuMont Bildarchiv/M.-O. Schulz; 68 re. DuMont Bildarchiv/Michael Marczok; 93 Hotel Altes Land, Jork; 95 u. DuMont Bildarchiv/Michael Marczok; 97 u. re. DuMont Bildarchiv/Michael Marczok; 99 o. DuMont Bildarchiv/Florian Werner; 104 u. © 2017 Fritz Mackensen bei VG Bild-Kunst, Bonn; 109 mauritius images/Torsten Krüger; 110 li. laif/Toma Babovic; 110 u. re. mauritius images/imageBROKER/Ralph Deseniß; 111 o. li. Zur Woerpe, Lilienthal; 111 o. re. Huber-Images/Gräfenhain; 111 u. re. picture alliance/dpa/Stockfood/W. Cimbal; 120 u. li. DuMont Bildarchiv/Mike Schröder; 22 o., 110 o. re. istock; 52 o., 57 o., 69, 85, 110 o. li. 115 shutterstock
**Textquellen:** Dörte Hansen, Altes Land, München 2015, S. 11 (hier: S. 89); Klaus Modick, Konzert ohne Dichter, 6. Aufl., Hamburg 2015, S. 17 (S. 105)
**Grafische Konzeption, Art Direktion:** fpm factor product münchen
**Layout:** Cyclus · Visuelle Kommunikation, Stuttgart
**Cover Gestaltung:** Neue Gestaltung, Berlin
**Kartografie:** © MAIRDUMONT GmbH & Co. KG, Ostfildern
Kartografie Lawall (Karten für „Unsere Favoriten")
**DuMont Bildarchiv:** Marco-Polo-Straße 1, 73760 Ostfildern, Tel. 0711 4502-266, Fax 0711/4502-1006, bildarchiv@mairdumont.com



**Anzeigenvermarktung:** MAIRDUMONT MEDIA, Tel. 0711 450 20, Fax 0711 45 02 10 12, media@mairdumont.com, http://media.mairdumont.com
**Vertrieb Zeitschriftenhandel:** PARTNER Medienservices GmbH, Postfach 810420, 70521 Stuttgart, Tel. 0711 72 52-212, Fax 0711 72 52-320
**Vertrieb Abonnement:** Leserservice DuMont Bildatlas, Zenit Pressevertrieb GmbH, Postfach 810640, 70523 Stuttgart, Tel. 0711 7252-265, Fax 0711 7252-333, dumontreise@zenit-presse.de
**Vertrieb Buchhandel und Einzelhefte:** MAIRDUMONT GmbH & Co. KG, Marco-Polo-Straße 1, 73760 Ostfildern, Tel. 0711 45 02 0, Fax 0711 45 02 340
**Reproduktionen:** PPP Pre Print Partner GmbH & Co. KG, Köln
**Druck und buchbinderische Verarbeitung:** NEEF + STUMME premium printing GmbH & Co. KG, Wittingen, Printed in Germany

FSC
www.fsc.org
MIX
Papier aus verantwortungsvollen Quellen
FSC® C001857

*Teeplantagen in Sri Lankas Hochland, so weit das Auge reicht. Die britische Kolonialmacht führte die Nutzpflanze um 1870 ein.*

*Eine von Berlins Vorzeigeansichten, der Blick auf Bode-Museum und Fernsehturm im Hintergrund.*

## Berlin

**Große Kunst**
Erwartet Sie in den Berliner Museen, nicht nur in jenen fünf, die auf der Museumsinsel liegen und von der UNESCO zum Welterbe gekürt wurden.

**Die Hauptstadt anders erleben**
Wie wäre es mit einer Rikscha-Tour durch das historische Berlin, mit einer Rundfahrt im Trabi oder mit einer Führung durch die Unterwelt?

**Das hippe Berlin**
Prenzlauer Berg, Kreuzberg, Friedrichshain und Neukölln, hier trifft sich heute die Szene! Wir verraten Ihnen, welche Clubs und Bars gerade angesagt sind.

## Sri Lanka

**Tropisches Märchenland**
Für eine Reise nach Sri Lanka gibt es gute Gründe: eine traumhafte Landschaft, üppig grüne Vegetation, herrliche Strände und einzigartige Kunstwerke – lassen Sie sich mit hervorragenden Bildern einstimmen auf ein ganz besonderes Land.

**Das Wissen vom Leben**
Ayurveda ist eine 3000 Jahre alte ganzheitliche Heilmethode. Wir stellen Ihnen die wichtigsten Komponenten der Behandlung vor und liefern Ihnen Pro- und Kontra-Argumente für Ayurveda-Kuren.

**Der lange Weg zum Frieden**
Hintergründe und Fakten zum Bürgerkrieg, der das Land bis 2009 in Atem hielt.

**www.dumontreise.de**

# Lieferbare Ausgaben

**DEUTSCHLAND**
**119** Allgäu
**092** Altmühltal
**105** Bayerischer Wald
**180** Berlin
**162** Bodensee
**175** Chiemgau, Berchtesg. Land
**013** Dresden, Sächs. Schweiz
**152** Eifel, Aachen
**157** Elbe und Weser, Bremen
**168** Franken
**020** Frankfurt, Rhein-Main
**112** Freiburg, Basel, Colmar
**028** Hamburg
**026** Hannover zw. Harz u. Heide
**042** Harz
**023** Leipzig, Halle, Magdeburg
**131** Lüneburger Heide, Wendland
**038** Mecklenburg-Vorpommern
**033** Mosel
**047** Münsterland
**015** Nordseeküste Schleswig-Holstein
**006** Oberbayern
**161** Odenwald, Heidelberg
**035** Osnabrücker Land, Emsland
**002** Ostfriesland, Oldenb. Land
**164** Ostseeküste Mecklenburg-Vorpommern
**154** Ostseeküste Schleswig-Holstein
**136** Pfalz
**040** Rhein zw. Köln und Mainz
**185** Rhön
**186** Rügen, Usedom, Hiddensee
**137** Ruhrgebiet
**149** Saarland
**182** Sachsen
**081** Sachsen-Anhalt
**117** Sauerland, Siegerland
**159** Schwarzwald Norden
**045** Schwarzwald Süden
**018** Spreewald, Lausitz
**008** Stuttgart, Schwäbische Alb
**141** Sylt, Amrum, Föhr
**142** Teutoburger Wald
**170** Thüringen
**037** Weserbergland
**173** Wiesbaden, Rheingau

**BENELUX**
**156** Amsterdam
**011** Flandern, Brüssel
**179** Niederlande

**FRANKREICH**
**177** Bretagne
**021** Côte d'Azur
**032** Elsass
**009** Frankreich Süden Languedoc-Roussillon
**019** Korsika
**071** Normandie
**001** Paris
**115** Provence

**GROSSBRITANNIEN/IRLAND**
**130** London
**030** Südengland

**ITALIEN/MALTA/KROATIEN**
**181** Apulien, Kalabrien
**017** Gardasee, Trentino
**110** Golf von Neapel, Kampanien
**163** Istrien, Kvarner Bucht
**128** Italien, Norden
**005** Kroatische Adriaküste
**167** Malta
**155** Oberitalienische Seen
**158** Piemont, Turin
**014** Rom
**165** Sardinien
**003** Sizilien
**140** Südtirol
**039** Toskana
**091** Venedig, Venetien

**GRIECHENLAND/ZYPERN/TÜRKEI**
**034** Istanbul
**016** Kreta
**176** Türkische Südküste, Antalya
**148** Zypern

**MITTEL- UND OSTEUROPA**
**104** Baltikum
**094** Danzig, Ostsee, Masuren
**169** Krakau, Breslau, Polen Süden
**044** Prag

**ÖSTERREICH/SCHWEIZ**
**004** Salzburger Land
**139** Schweiz
**144** Tirol
**147** Wien

**SPANIEN/PORTUGAL**
**043** Algarve
**093** Andalusien
**150** Barcelona
**025** Gran Canaria, Fuerteventura, Lanzarote
**172** Kanarische Inseln
**124** Madeira
**174** Mallorca
**007** Spanien Norden, Jakobsweg
**118** Teneriffa, La Palma, La Gomera , El Hierro

**SKANDINAVIEN/NORDEUROPA**
**166** Dänemark
**153** Hurtigruten
**029** Island
**099** Norwegen Norden
**178** Norwegen Süden
**151** Schweden Süden, Stockholm

**LÄNDERÜBERGREIFENDE BÄNDE**
**123** Donau – Von der Quelle bis zur Mündung
**112** Freiburg, Basel, Colmar

**AUSSEREUROPÄISCHE ZIELE**
**183** Australien Osten, Sydney
**109** Australien Süden, Westen
**024** Dubai, Abu Dhabi, VAE
**160** Florida
**036** Indien
**027** Israel
**111** Kalifornien
**031** Kanada Osten
**171** Kuba
**022** Namibia
**041** New York
**184** Sri Lanka
**048** Südafrika
**012** Thailand
**046** Vietnam